세계를 떠돈 어릿광대, 나의 젊은날의 삶

현대수필가100인선·91

세계를 떠돈 어릿광대, 나의 젊은날의 삶

이경희 수필선

좋은수필사

■책머리에

 수필은 누구나 부담 없이 읽고, 마음만 먹으면 직접 쓸 수도 있는 가장 친근한 문학이다. 다른 영역의 문학이 영상매체에 밀려 신음하고 있는 중에도 수필 인구만은 날로 증가하여 바야흐로 수필 전성시대를 구가하고 있는 이유도 거기에 있을 것이다.
 시대적 추세에 힘입어 수많은 수필전문지, 수필동인지가 창간되고, 이에 비례하여 신진 수필가도 날로 늘어나다 보니 이제는 그 많은 작가, 그 많은 작품 중에서 문학성 높은 작품을 가려 읽는 일이 쉽지 않게 되었다. 이런 현상은 작가에게나 독자에게나 결코 바람직한 일이 아니다. 더 나아가서는 수필을 연구하는 후세들에게도 큰 부담이 될 것이다.
 이런 문제를 해결하는 데는 출판인도 마땅히 한몫을 감당해야 한다는 평소의 소신에 따라, 본사가 기꺼이 그 역할을 맡기로 했다. 그 첫 번째 사업으로 시대를 대표할 만한 수필가 100인을 선정하고, 작가가 자선한 40편 내외의 작품을 수록한 문고본을 발간하여 이를 널리 보급함으로써 그 소임을 다하고자 한다.
 본사는 사명감을 가지고 이 사업을 추진해 나가기로 했다. 작가 선정을 전담할 편집위원회를 구성하고 전권을 위임하여 일체의 사적인 정실이나 청탁을 배제함으로써 전문성과 공

정성을 확보해 나갈 것이다.

따라서 이 기획물 속에는 작가의 문학정신뿐만 아니라, 본사의 문학사적 기여 의지와 편집위원 제위의 수필문학에 대한 애정과 문인으로서의 양심이 함께 담겨 있음을 자부한다. 다만, 작가를 선정하는 기준에는 많은 견해의 차이가 있을 수 있고, 선정 과정에서도 미처 챙기지 못한 부분이 있을 것이라는 사실만은 인정하지 않을 수 없다. 이 점에 대해서는 관계자 여러분의 양해 있으시기 바란다.

이 시리즈의 발간 순서는 작가, 또는 본사의 사정에 의한 것일 뿐 그 밖의 어떤 기준도 적용하지 않았음을 밝힌다.

본 기획물이 시대를 초월한 많은 수필 애호가들의 관심과 애정 속에 우리나라 수필문학 발전에 한 이정표가 되기를 바랄 뿐이다.

2011년   월

좋은수필 발행인 서 정 환
현대수필가 100인선 간행 편집위원 박 재 식 최 병 호
정 진 권 강 호 형
변 해 명

| **차례** | 현대수필가100인선 · 91

1_부

그 뜰에서 • 12
작은 나의 하늘 • 14
대춘부(待春賦) • 17
현이의 연극 • 21
늦가을 비 • 26
집을 향해 돌아오며 • 30
강물에 띄워 보낼 편지 • 33
한 밤의 기도 • 37
세계를 떠돈 어릿광대, 나의 젊은 날의 삶 • 41

2_부

속 산귀래(山歸來) • 52
되돌아 온 개나리 꽃 • 54
비 오는 날엔 무엇을 • 57
제단의 꽃과 어머니의 기도 • 60
어릿광대와 창녀와 • 63
편지를 쓰는 마음으로 • 70
검은 고양이 네로는 나를 슬프게 했다 • 75
그는 하나의 가족 • 79
선물로 받은 옛 타이프라이터 이야기 • 83

3_부

봄 시장 • 90
연못 • 92
뜰이 보이는 창 • 97
여행, 그리고 외로움 • 100
북어 • 104
행운은 항상 나에게 • 107
왕과 나 • 110
플라맹코와 스페인 • 117
안소니 퀸의 춤 그리스인 조리바 • 124

4_부

서울의 뒷골목 • 136
세 가시나이 • 139
호프만의 뱃노래 • 145
밤에만 놓은 십자수 • 149
비너스의 탄생 • 154
왕자와 공주 • 158
흰 눈과 미스터 오웰 • 163
나의 유치원 친구 백남준 이야기 • 167
눈물로 들은 그의 조국 찬가 • 174

1부

그 뜰에서
작은 나의 하늘
대춘부(待春賦)
현이의 연극
늦가을 비
집을 향해 돌아오며
강물에 띄워 보낼 편지
한 밤의 기도
세계를 떠돈 어릿광대, 나의 젊은 날의 삶

그 뜰에서

하늘이 높다는 얘기는 어릴 때부터 들었습니다.
그런데 정작 저렇게 높은 것은 이 뜰에서 처음 느낍니다.

여자가 나이를 먹으면 외로워진다는 얘기는 듣지 않아도 알고 있었습니다.
그러나 정작 나이가 쓸쓸하게 느껴지는 것을 이 가을에 처음 느낍니다.

하도 이상한 이 해의 날씨, 하도 흉흉한 어제 오늘의 세상 일 들.
어느 핸들 이렇지 않을 때가 있었으랴만, 이 해, 이 뜰에서, 이토록 감상적이 되는 것은 웬일인지 모릅니다.

나이를 먹으면 소녀가 된다는데 아직은 그런 나이도 아닌 내가 이토록 하늘의 높이가 의식되고 연륜(年輪)의 상한선(上限線)이 자꾸만 의식되어지는 것은 정말 이상합니다.

어느 먼 곳에서―, 아주 모르는 사람한테서―, 기막히게 멋진 편지를 받고 싶던 소녀 때의 감정이, 문득 지금, 이 뜰에서 나의 머리를 스치는 까닭은 정말 모를 일입니다.

(1973)

작은 나의 하늘

나의 사무실엔 창문이 없다.

나는 창문을 통해 사람이나 자동차가 지나가는 것을 보고 싶은 것은 아니다. 다만 하늘이 보고 싶을 따름이다. 하늘은 나의 좋은 친구가 되어줄 것이다.

나는 창문이 갖고 싶다.

창문은 크지 않아도 좋다. 작은 창에도 하늘은 들어올 수 있기 때문이다.

나는 나만의 하늘을 갖고 싶다. 풀 한 포기를 심을 나만의 땅을 갖고 싶듯이 나의 꿈을 심을 푸른 하늘을 갖고 싶은 것이다.

사과나무가 하늘을 향해 자라듯 나의 꿈도 높은 하늘을 따라 자랄 것이고, 금빛을 반사하며 조잘대듯 춤추는 나뭇잎들처럼 나의 꿈도 싱그러울 것이다.

마침내는 파란 바탕 위에 꽃을 피우겠지. 화려하고 예쁜 꽃은 열매도 맺을 테지. 그러면 나는 두 손을 벌리고 떨어지는 열매를 받을 것이다.

나의 하늘을 갖는다는 것은 즐거운 일이다.

창문은 작아도 그곳엔 넓은 하늘이 있다. 무심할 때 볼, 트인 하늘이 있다.

내가 맨 처음으로 하늘을 그린 것은 유치원 때의 일이다. 그 때 크레용으로 그린 나의 하늘은 마냥 넓었다. 그래서 언제나 파랑색이 제일 먼저 닳아지곤 하였다. 힘껏 칠하느라고 크레용이 부러지기도 하였다. 부러진 파란 크레용은 내 마음을 언제나 슬프게 하였다.

나는 파란 하늘을 그린 위에 구름도 그렸다.

하늘엔 구름이 있어야 된다는 생각을 하였나보다. 그런데 파란 색을 기껏 칠해 놓고 그 위에 그름을 그렸기 때문에 나의 하늘의 구름은 언제나 새하얗지가 못했다.

때때로 나는 파란 하늘에 노랑나비를 그려 넣기도 하였다.

땅 위에 그린 꽃에 딸린 나비를 그렇게 하늘에 그려 놓았던 것이다.
 땅을 그리면 반듯이 하늘을 그렸다.

 나의 하늘은 넓기만 하였다. 어려서 동네 배추밭 위의 하늘이 넓었기 때문이다.
 그 배추밭엔 늘 나비가 와서 놀고 있었다.

(1977)

대춘부(待春賦)

 낮닭 우는 소리에도 봄을 느낀다. 수양버들 가지가 탄력 있게 늘어지고 아이들 걸음걸이에 긴장이 풀려있다.

 이틀을 두고 내린 비—. 그 비는 정녕코 봄비임에 틀림이 없었다. 정원의 돌들을 덮고 있던 겨울 먼지—. 그 검은 먼지가 말끔히 씻기자 을씨년스럽던 겨울이 가버렸음을 깨닫는다. 언젠들 빗물에 젖은 돌들에 깊은 애정을 느끼지 않은 적이 있었겠는가만 새삼 긴 겨울의 침울함을 빗겨 준 '이틀 비'에 감동한다.

 물은 차나 그렇다고 겨울은 아니다. 겨울이 가졌던 매섭고 찬 매듭은 이미 풀리고 다만 그 구겨진 매듭 자리만 펴지지 않은 느낌일 뿐이다. 사철나무 잎 새의 숨결도 겨울의 그것과는 다르다. 봄의 입김이 벌써 담 안으로 들어선 것이다.

성급하게 새순 돋는 봄이 기다려진다. 어쩌면 봄은 가슴을 설레게 하는 성급함에서 시작되는 것일까. 별로 기다려야 할 일이 없어진 연령인데도 경칩의 계절이란 멍하니 잊은 것을 기억해 내고 싶어지는 까닭은 웬일일까? 지나간 봄 속에 무언가 많은 것을 묻어버렸기 때문이다.

나의 평생의 가장 중요한 일들을 결정한 것이 모두 봄이었다. 누군가가 부르는 소리. 누군가가 깊은 꿈속으로 유인한 손길. 누군가가 뚜렷한 이유 없이 나를 슬프게 한 행동….

봄이면 이런 많은 사연들이 마치 아지랑이처럼 그칠 줄 모르고 자꾸만 하늘로, 하늘로 향하여 올라가는 것 같은 어지러움을 느낀다. 돌이킬 수 없는 그 세월의 아름답고 슬픈 것들이 설혹 기다려지는 것은 아니라 하더라도 불현듯 머릿속을 스쳐 갈 때 나는 봄을 깨닫는다.

달래김치의 산뜻한 맛에도 봄은 있다. 달래 속에는 농축된 봄 향기가 있다. 어머니는 한 번도 꼬집어서 봄을 말하는 일이 없었다. 그러나 달래김치로 식구들에게 봄을 맛보게 하였다. 그것도 지혜임에는 틀림이 없다.

초등학교 때 친구들이 둑으로 봄나물을 캐러 가는 것을 보았다. 그런데 나는 한 번도 그들과 같이 따라나서 보지 못하였다. 집에서 나를 보내주지 않았기 때문이다. 그러니까 나는 한 번도 봄을 찾아 나서지는 못하였던 것이다. 오늘의 내가 봄에 대해 유별난 감정을 품는 것을 이 때문일까?

비는 밤에도 멈추지 않았다 오랫동안 듣지 못했던 빗소리라 그런지 공연히 근심스러운 생각도 든다. 버릇이란 어쩔 수 없이 이런 기쁜 소리에도 의심을 갖는 모양이다.

어둠 속에서 잉어가 물 위로 치솟았다 떨어지는 소리가 들린다. 깊은 겨울잠에서 저 잉어들도 깨어난 모양이다. '철썩!' 하는 물소리로 그것들이 동면하면서도 자라 준 것에 고마움을 느낀다.

방 안에서 콩나물처럼 자란 화초들을 보면 봄볕이 기다려진다. 이 화초들을 작년에 밖으로 내놓은 것이 언제였는지 통 생각이 나지 않아 일기장을 뒤적여 본다. 그러나 이 중요한 대목은 나의 일기장 속에 기록되어 있지 않았다. 정녕 나는 보다 중요한 일이 뭔지 모르고 산 것 같다.

아침 일찍 창문을 연다. 비인 줄만 알았는데 하얀 눈이다. 녹으며 쌓이는 것들. 그러나 그 속에도 겨울은 없었다. 아무리 눈일지라도 봄의 숨결은 덮어버리지 못하는 것임을 알겠다.

굶은 새를 위하여 곡식을 던져 줘야겠다는 생각을 아직도 실천에 옮겨 보지 못한 채 창문을 닫는다. 역시 나는 생활의 주제에 대하여 다시 생각해야겠다. 꼭 새 때문만이 아니라 쫓기며 사는 일만이 나의 인생인 것처럼 된 생활에서 보다 사람다운 곳에 눈을 돌려야 할 것이기 때문이다.

일요일은 한가롭게 집에서, 모시고 거느리고 하며 보내리라고 마음먹었으나 진정 느긋하게 지내게 되질 못한다. 놀 줄 아는 사람이 놀고 쉴 줄 아는 사람이 쉰다는 말의 뜻을 알 것 같다. 차라리 겨울이면 체념이란 것이 있어 집 속에 묻혀 있을 수 있겠으나 봄은 그렇게 나를 가만히 있게 하지 않는다.

낯선 고양이가 나의 뜰 한가운데를 가로질러 담을 넘는다. 고양이의 얼룩 털에도 봄의 유기가 보인다. 그는 이미 활동을 개시했나 보다. 한나절 저렇게 쏘다니는 것을 보면 봄이긴 봄인 모양이다.

뒤늦게 강아지가 쫓아가 짖어 대기는 하지만 서로 꼭 잡아야하고 쫓겨야만 한다는 긴장감은 없이 그저 일상생활로서의 싫은 의무를 치르는 느낌이다.

졸음도 오고 할 이도 생각나지 않는 오후···. 공연히 물 컵만 비운다. 정녕 봄은 오나 보다.

(1976)

현이의 연극

두 시까지 오라는 현이의 말대로 부랴부랴 시민회관으로 갔다. 현이가 예술제에서 연극에 출연하기로 되었기 때문이다. 현이가 출연하는 연극 〈숲 속의 대장간〉은 제2부의 첫 순서에 있었다.

풀잎 역을 하게 되었다는 현이가, 그 동안 매일 학교에서 늦게 오고 휴일에도 학교에 나가 연습을 하곤 할 때에는 별로 관심이 없었는데, 막상 공연하는 날이 되니까 이상하게도 가슴이 두근거렸다. 마치 현이 혼자의 발표회나 되는 것처럼 흥분되어 2부 순서를 기다리는 동안 무척 초조했다. 나는 현이의 모습을 상상해 봤다.

새벽부터 일어나서 "분장을 해야 하니까 일찍 가야 해요." 하며 부산을 떨던 현이의 상기된 얼굴이 떠오르면서, 혹 무대 위에서 실수라도 하지 않을까 걱정이 되었기 때문에 아마 더욱 흥분해 있을지도 모른다.

마침내 제2부가 시작되는 종이 울리고 이어 불이 꺼졌다. 막이 오르자 캄캄한 무대가 나타났다. 무대중간을 비추고 있는 조명 속에 선녀가 서 있었다. 얼마 전에 현이가 모자 달린 푸른색의 옷을 가지고 와서 "선녀 옷은 참 예쁜데, 참새 옷도 예쁘고……" 하며 자기 옷이 덜 예쁜 것에 대해 서운한 빛을 보인 적이 있었는데, 그때 말한 선녀인 것 같았다.

얼마 후 선녀는 없어지고 밝아진 무대 한가운데에 대장간이 생겼고 그 뒤는 숲이 울창하였다. 나는 현이가 언제 나올 것인가 열심히 지켜봤다. 숲 속에서 참새와 까치 떼가 대장간 앞마당에 날아와서 놀고 춤추고 하는 장면이 나왔지만 풀잎 역을 맡은 현이는 그때까지도 눈에 띄질 않았다. 나는 무대를 계속 지켜보며 현이의 모습을 기다렸다. 그러다가 문득, 아까부터 대장간의 배경을 이루고 있는 숲 속에서 합창 단원 모양의 대열을 짓고 쪼그리고 앉아 있는 것에 눈이 갔다. 나는 그것이 풀잎들인 것을 알아냈다.

'현이가 바로 저기, 저 많은 풀잎 중의 하나로 끼여 앉아 있는 거구나!'

순간, 지금까지 흥분해 있던 마음이 가시고 실망되는 마음조차 터놓을 수 없는, 그런 야릇한 기분에 싸이고 말았다. 현이는 바로 그런 역을 맡고 있었다.

대장간 앞뜰에는 토끼도 나오고, 포수도 나오고, 동네 여인과 대장간집 주인도 나와 익살스런 대화를 주고받고, 그리고 때때로 참새 떼와 까치 떼가 이리저리 날아다니며 노래하고 춤추고 하는데 풀잎들은 계속 줄지어 붙어 앉아 양 손에 든 풀잎 그림판만 가끔 흔들 뿐이었다. 더군다나 양 손에 든 풀잎 그림판으로 얼굴을 노상 가리고 앉아 있기 때문에 그 많은 풀잎 중에서 어느 애가 현이인지 가려낼 길이 없었다.

현이가 풀잎 역을 맡게 되었다고 했을 때 저의 언니가 "너도 뭐라고 말하는 것 있니?" 하니까 "그러 엄!" 하길래, 제대로 무대에서 연기도 하고 대사도 말하고 하는 줄 알았던 것이다. 정확히 말을 한다면야 풀잎들도 다 함께 입을 모아 무어라고 함성을 지르고 하니까 아주 입을 다물고 있는 것은 아니긴 하였다.

조금 전만 해도 주위의 모든 관객들이 현이를 보러 온 것 같았는데 그 사람들은 다 지금 한 가지씩을 연기하고 있는 아이의 가족들이고 나만 그렇지 않은 것 같아서 서글픈 생각마저 들었다. 어쨌든 나는 무대 위에서 벌어지는 중요한 장면을 보는 대신 다닥다닥 두 줄로 붙어 앉은 풀잎의 움직임만을 보았다. 그 속의 어떤 풀잎이 현이인가를 찾아야 했기 때문이다. 손에 든 그림판을 양 옆으로 흔들 때에만 살짝살짝 보이는 얼굴이라, 그 순간에 현이를 찾아내기란 쉬운 일이 아니었다. 이 풀잎도 현이 같고, 저 풀잎도 현이 같고…, 현이 같다는 생각을 하면 하나같이 현이라고 생각 안 되는 풀잎이 없었다.

 사실 우리 집 애가 반드시 남의 눈에 띄는 중요한 역을 맡아야 한다든지, 조금이라도 나은 역을 해야 한다는 생각은 조금도 없었다. 다만 엄마는 자기 아이한테 제일 먼저 관심이 가게 되는 것이기 때문에 현이가 눈에 띄지 않는 데에 실망하였을 뿐이다. 그러는 동안에 연극은 끝났다. 나는 현이를 찾으러 아래층으로 갔다. 얼굴에 빨갛고 꺼멓게 분장을 한 아이들 틈에서 한참 만에 현이를 찾았다. 물론 현이 쪽에서 먼저 엄마를 부른 것이다.

 "엄마! 나 하는 것 보았어요?"

 현이는 나를 보자마자 그것부터 물었다. 이럴 때 보았다고 해야 할지, 못 보았다고 해야 할지, 얼른 생각이 나지 않아 망설이면서, "응, 현이가 어느 쪽에 앉아있었지?" 나는 대답 대신 이렇게 물었다. 혹시 못 보았다는 것을 알아채고 실망을 하는 게 아닌 가, 눈치를 살폈는데, 현이는 의외로 밝은 얼굴을 하며, "둘째 줄 끝 쪽에 앉아 있었어요." 하더니, "엄마, 그럼 나 못 보았지? 아유, 난 내 뒤에 있던 참새가 앞으로 나가면서 건드리는 바람에 모자가 벗겨져서, 그것을 엄마가 보았으면 어떻게 하나 하고 얼마나 걱정을 했는지 몰라. 금방 집어 썼는데, 엄마 못 봤지?" 이렇게 말하는 것이 아닌가? 나는 현이의 이 말에 또 한 번 마음속으로 놀랐다. 그리고 미안한 생각이 들었다. 비록 눈에 잘 안 띄는 풀잎 역을 하였지만, 현이는 풀잎으로서의 자기의 역할에 충실했으며 엄마가 자기를 꼭 보아 주리라는 확신 때문에 더욱 열심히 연기를 하였고 오히려 자기의 실수를 엄마가 보았을까 걱정을 했던 것이다.

결국 현이가 그러한 실수라도 하지 않았다면 엄마가 보지 못한 데 대하여 실망을 했을지도 모를 일이다.

나는 분장을 해서 거의 얼굴을 알아볼 수 없는 현이에게 먹을 것을 조금 사 준 다음, 다음 순서를 보기 위해 자리로 돌아왔다.

현이는 엄마 때문에 그토록 열연을 했음에 틀림이 없다.

(1973)

늦가을 비

 한 곳을 응시하며 담배를 깊이 빨아 넘기는 신사를 보면서 나는 찻집에 앉아 있었습니다.
 나도 그 신사처럼 차를 음미하면서 마셨습니다. 때로는 여자에게도 남자에 못지않은 생각이 있는 법입니다.
 그날 오후는 비가 와서 따스한 난로가 그리워 줄곧 그곳에만 앉아 K여사를 기다리는 참이었어요. 그녀가 온다는 시간이 많이 지났으나 나는 그대로 기다리고 있었습니다.
 축축이 젖은 코트도 대강 말라가고, 오래간만에 나도 나의 시간을 갖는 것 같았습니다. 이대로 만날 사람이 오지 않는대도 나는 별로 탓하고 싶지 않게 마음이 마냥 편한 채로 앉아 있었습니다.
 사실 밀린 일들을 끼끗이 청산한 후였고 다른 약속도 없었던 때였기 때문이었습니다.

이런 때면 핸드백 속을 뒤지는 버릇도 나에겐 있습니다. 백 속에는 어제 받은 노르웨이에서의 편지가 있었습니다.

지난 봄, 그곳에 갔을 때 우연히 공원에서 만나 사진을 찍어 받은 한 노신사로부터의 편지입니다. 그리도 조용한 음성으로 공원 안의 석상(石像)들을 설명해 주며 친절히 안내까지 해준 분이었습니다. 유난히 많이 붙은 우표에서부터 겉봉의 글씨까지—.

다시 한 번 음미하면서 내용을 읽어봅니다. 그렇게 잘 써진 글씨는 아닙니다.

『다정한 친구 경에게!

약속했던 사진들을 보내드립니다. 이렇게 시간이 오래 걸렸군요.

오늘은 겨울채비를 위해 바다에서 보트를 거둬들였습니다. 요 며칠은 눈과 찬바람 때문에 별로 즐거운 일이 없었습니다. 이제 동면(冬眠)이나 해야 할까 봅니다. 당신 같은 사람이 이곳에 와서 나의 시간이나 함께 해주지 않는 한 나는 곰 모양 그런 일이나 하는 거죠.

돌아가셔서 좋은 글이나 쓰셨는지요? 혹 책이라도 내셨다면 한 권 받아보고 싶군요. 이다음에 또 노르웨이에 오시면 꼭 연락해 주십시오. 무엇을 할 것인가 우리 함께 생각해 보기로 하죠.

손이 점점 얼어 와서 이 편지를 더 이상 쓸 수 없군요. 글씨가 엉망이 되었습니다. 그러나 대체의 뜻은 알 수 있으리라 믿습니다.

이제 고만 쓰겠습니다. 몸 건강하시기를. 꼭 한 번 노르웨이를 다시 찾아 주십시오.

당신의 노르웨이 친구 쟝 랄센 으로부터』

여행이란 인생에게 정말 많은 것을 가져다줍니다. 설령 그것이 큰 목적이 있는 것이 아니었다고 하드래도 말입니다.

짧은 편지였으나 나는 그 편지로 해서 지난 여행의 일들을 생각하였습니다. 나는 다시 그분께 쓸 회신을 생각하였습니다.

『광화문이라면 당신이 모르시겠지요. 우리나라 중앙청을 마주보는 제일 큰 거리랍니다. 지금 그곳의 그린벨트에는 은행나무의 노랑 잎 새가 깔려서 아름답기 그지없습니다. 나는 낙엽을 보면 이상하게 먼 곳을 생각하는 버릇이 있습니다······.』

대개 이 정도의 편지 서두를 생각하고 또 차를 마셨습니다.

편지를 쓸 곳이 있다는 것은 때로는 나를 행복하게 합니다. 나는 아직 나의 연륜에 맞지 않게 많은 것을 한꺼번에 생각하고 그것을 감당하지 못하여 지쳐버리는 철없는 데가 있는 것을 압니다. 그러나 다른 사람에게 피해를 주는 일이 아니니까 크게 말을 들을 일은 없습니다.

비가 오고 추워서인지 K여사가 오는 시간이 늦어지는 것 같습니다. 허긴 나도 그렇지만 여자란 그런 거지 뭐. 무슨 구실만 있으면 그렇게 되는 것이 아닙니까? 나도 전에 번번이 그녀와의 약속을 차 때문에 늦었다고 변명하였으니까 말입니다.

앞에 앉았던 긴 호흡의 신사도 가버렸습니다. 대체 왜 그는 그토록 깊이 담배를 빨아 넘겼을까, 잠시 생각하여 봅니다만 금세 또 다시 오지 않는 K여사의 일을 생각하였습니다.

핸드백 속에는 또 다른 생각거리도 있었습니다.

한나절 찻집의 그 난로 가는 따스하였습니다.

(1973)

집을 향해 돌아오며

 멀고 지루한 항해에서 다시 모항(母港)으로 돌아왔을 때의 선원들의 기분을 나는 알 수 있다.
 다시 돌아갈 곳이 있다는 것, 사랑하는 가족과 낯익은 고장이 있다는 것. 선수(船首)가 이미 그곳을 향해 돌려졌을 때의 선원들의 마음이 얼마나 급할까, 하는 것을 나는 알 수 있다.
 여행에서 집을 향해 떠날 때의 나의 감정을 너무도 잘 알고 있기 때문이다. 온통 모든 생각과 몸의 하나하나의 세포에 이르기까지, 나의 전부는 내가 돌아가 안식할 그곳을 향하여 이미 가 있으니 말이다.
 설혹 모항에 등불이 꺼졌어도 배가 닿을 곳을 알고, 아무도 마중 나오는 사람이 없어도 반기는 웃음이 터져 나오는 부두를 생각할 수 있듯, 나의 비행기가 벌써 한국 영공에 들어서기만 하면 서울의 냄새와 그 환상 때문에 나의 가슴은 설렌다. 여행의 피로는 벌써 어디론가 사라지고, 나는 홀연히 돌아온 건강한 어머니로서, 아내로서, 모두들 맞이해 주는 공항 대합실을 생각한다. 빨리 해야 할 말도 없고 또 잊어버려도 안 될 말이 없는데 여행 중에 생각했던 일들을 다시 생각해 본다.

그러나 막상 제일 먼저 하는 이야기란, "잉어 많이 자랐니?" "브라질에서 보낸 엽서 두 장 다 받았지?" 생활이란 현실적으로는 재미없는 대화에 불과하다는 사실을 실감한다.

나의 모항은 꿈에서만 아름다운 것. 돌아오면 자질구레한 짐 보따리나 하잘 것 없는 여행 중의 피로했던 이야기뿐. 정작 그립고 보고 싶던 이야기는 하지 못하고 마는 것일까? 신세진 이에 대한 갚음의 편지란 그곳에서의 생각과는 달리, 그저 피로한 숙제로만 되어 몇 번의 여행에서 쌓인 일들에 다시 첨가하는 그런 또 하나의 부채(負債).

그러나 계절이 바뀌고 괴롭던 일이 잊혀 지면 배가 다시 대해(大海)를 향해 챙기듯, 나는 먼 곳의 일들을 생각하게 된다. 벽에 붙여 놓은 큰 지도가 새삼스럽게 보이기 시작하는 오후면 나는 또 내가 어딘가를 향하여 떠나고 싶어 한다는 사실을 깨닫게 된다.

그렇지만 만일, 인간이 한번 있은 일로 영원히 만족할 수 있다면 침체하고 나태해짐을 어찌지 못할 것이겠지. 그것은 살아 움직이며 신선한 새로움을 추구한다는 것과는 전혀 다를 것일 테니까.

잠시 진정하고 떠나기 위하여 또 구실을 생각해 내야겠다. 누구에게나 이해가 될 수 있는 아름다운 이유를 찾아야겠다.

여행에는 용기가 필요한 것이지 구실이 없는 것은 아니다. 떠난 후의 공백을 메꾸기 위하여 다른 사람의 몇 배로 일을 해 두어야지—. 그렇지 않고는 내가 또다시 빠져나갈 면목이 없지 않겠는가.

모항은 잠시 머무는 곳, 영원히 잠드는 곳은 아니다.

(1977)

강물에 띄워 보낼 편지

P교수가 나의 집 이웃이었다는 사실에 놀랐습니다. 그의 이름은 내가 대학 일학년 때부터 알고 있었으나 워낙 그의 영문학은 내가 가까이 할 수 있는 학문이 아니었기 때문에 여태껏 대할 기회가 없었던 것입니다. 그런데 내가 수필이라는 것을 쓰게 되면서 그리도 자연스럽게 그 분을 알게 된 것입니다.

아무리 멀리 있어도 가는 방향각도(方向角度)가 같으면 언젠가는 만날 수 있다는 말이 거짓이 아닌 것을 알았습니다.

처음 P교수를 대했을 때 그의 말소리는 그리도 조용하여 내가 유일하게 기억하고 있는 그의 〈편지〉라는 시를 생각해내게 하였습니다.

　　오늘도 강물에 띄웠어요.

쓰기는 했건만 부칠 곳 없어
흐르는 물 위에
던졌어요.

　내가 몇 학년 때임을 기억하진 못하나 P교수가 나의 마음 깊이 공감을 주어 흐르는 강물에 나의 영혼을 띄워 어느 먼 흰 구름의 고향으로 가고 싶었던 외로운 시절을 상기 시켰습니다.
　그런데 바로 P교수는 이미 나이가 드셨고 미국에 가 있는 따님을 무던히도 보고 싶어 하시는 세정(世情)의 한 아버지로서 나와 마주 앉고 있었습니다.
　나는 그 시를 알았던 이십년 전의 나의 나이와 그의 나이를 계산해 보았습니다.
　그런 것 있지 않습니까?
　꼭 어떻게 된다는 것이 아니라 그 때 그렇게도 좋았던 분이면, 벌써 알았더라면 더 좋았지 않았을까 하는—.
　물론 이보다도 더 짙은 낭만도 가미되는 것입니다만, 그 때 나의 나이는 사십세 내외—, 여하튼 나는 이런 부질없는 생각을 하면서 P교수와 많은 얘기를 나눴습니다.
　인생은 오래 살지 못하는 것이라고 생각하면서, 그 시의 주인공과 마주 앉으니 인생은 결코 오래 못사는 것도 아니라는 것을 생각게 하였습니다.

옛날이나 지금이나 나에겐 하고 싶은 이야기가 많았습니다. 그러나 항상 그 상대는 없었습니다. 설혹 있다손 치더라도 나의 말에 정말 공감해 줄 친구가 아닌 것에 외로웠습니다. 그래서 나는 진정 나를 알아 줄 친구를 찾아 다녔습니다. 그러나 그런 친구는 나타나지 안고 알았습니다.

그 후, 꿈도 사라진 지 오랜 시간이 지난 후, "아, 이경희씨입니까? 나는 벌써부터 당신을 알고 있었습니다. 늘 당신의 '재치문답'을 듣고 있었습니다." 이런 말이 나를 더 외롭게 하곤 하였습니다. 그럴 때마다 나는 마음속에서 이렇게 대답합니다. (아니 그 말은 나를 즐겁게 하여 주지 못해요. 하지만 조금은 위로됩니다.)

또 어떤 사람은 말합니다. "언젠가 당신이 쓴 글을 신문에서 읽었는데 바로 아까 잡지에서 또 당신의 글을 읽었어요. 참 일 많이 하시더군요." 나는 이 말에 순간적으로 외로움을 잊는 버릇이 생겼습니다. 그러나 나는 곧 나와의 긴 독백을 시작합니다. (그들은 듣고, 보기만 하였다고 말했지 그것이 어떠했었다는 것을 말하지는 않았어—. 나는 그저 일을 하기만 하지 다른 사람에게 감명을 주지는 못하는 것인지 몰라—.)

그래서 또 외로움을 불러들입니다.

쓰기는 했건만 보낼 곳 없었던 여학교 때의 그 시의 감정은 조금도 변함없이 오늘도 먼 곳으로 향하여 흐르는 그 강에 긴 사연을 던지는 그런 과정 같기도 합니다.

P교수는 조용히 말을 끄집어냈습니다. 이제는 글을 쓸 수 없다는 것입니다. 그런데 나는 그 말을 제대로 잘 알아들을 수 없었던 것입니다. 그는 그토록 좋은 말들을 다 하였기 때문에 이제는 더 할 이야기가 없는 걸까?

전에는 짐작할 수 없었던 그 어려운 이야기들을 이제 금방 알아들을 수 있다는 것이 기특하게 생각됩니다.

P교수가 이웃에 살고 계시는데 자주 찾아뵈어야겠다고 생각합니다. 그는 나보다 더 외로워하는 것처럼 보였습니다. 멋있는 남성도 나이 들면 그렇게 되시는 모양이지요? 그래도 여자들보다는 나을 것을 생각했었답니다.

그는 대화 도중에 잠깐씩 하늘을 쳐다보셨거든요. 그 모양이 외롭게 보였던 거예요.

(1973)

한 밤의 기도

 달을 찾아도 하늘엔 달이 없다. "오늘은 달 없는 날인가 보다." 다음 날 또 찾는다.

 병상의 밤은 지겹게 길고 어둡기만 하다. 창밖으로 뵈는 허공…. 어디까지가 하늘이고 어디까지가 그 중턱인지 알 길이 없는 캄캄한 밤. 무엇인가를 찾으려 하는 마음으로 아픔을 잊으려한다. 그래도 찾을 것이 있다는 것은 얼마나 다행한 일인가.

 달 없는 밤일 바에는 비래도 왔으면 좋겠다. 그런데 밤은 속이 좁은 여인처럼 나를 짓누르기만 한다. 창밖은 방속보다는 밝다. 하늘 저쪽을 지나가는 태양광선 때문일 테지. 나는 그 어둠 속을 응시한다. 아무것도 살아 움직이지 않는 그 어둠 속을…. 그러면서 나는 밝은 날의 저녁노을을 생각해 낸다. 너

울너울 서산 넘어 밝은 곳을 찾아 날아가던 까마귀처럼 꿈 많던 시절을 회상한다.

"누구에게나 다 있은 일이나 내게만은 특별했습니다. 모두들 경험했을 테지만 나의 경험처럼 놀라울 수가 없을 테지요. 당신도 물론 사랑을 하였을 테지만 나의 사랑처럼 그렇게 강렬할 수 없었을 겁니다." 곧잘 이런 일기와 편지를 쓰던 그때. 나만은 다른 사람과 달라야 하고, 나의 인생만은 특별한 것이어야 한다는 것을 믿었던 나.

저녁노을의 붉은 빛에만 보낸 나의 어려서의 메시지가 그 얼마였던지 아무도 알지 못한 대로 나는 그것을 그대로 간직하고 있는 것만을 오래도록 자랑스럽게 생각했었다. 그런데 이것이 뭐람. 할 일 없는 아낙네들과 조금도 다를 바 없는, 그런 아픔으로 밤을 절망 속에서 신음하는 추한 모습.

음력 초사흘, 구름이 벗겨져도 달이 캄캄한 밤에 찬란하고 뜨거웠던 태양을 찾고 있으니ㅡ. 정말 비래도 왔으면 좋겠다. 서울거리가 물에 잠겨도 좋으니 이 한밤 억수같은 비가 퍼부어 준다면 덜 괴로울 것 같다. 그러나 이런 소원마저도 끈질기게 할 수 없는 힘겨움.

잠시 죽음을 생각한다. 만일 이대로 아픔을 정지시켜 준다는 보장만 있다면 서슴지 않고 죽음의 자리로 옮겨 앉아도 괜찮을 것 같다. 삶과 죽음은 그 누구의 표현처럼 그저 이 방에서 저 방으로 옮겨가는 정도의 일임을 깨닫는다. 외로움이나 슬품이 없이 저쪽 방에 진정 안식이 있다면 이 자리를 훨훨 떨치고 가보고 싶은 심정이다.

나의 신(神)을 따로 가지고 있지 못한 나는 내 어머니의 신에게 기도를 드린다.

"당신은 내 어머니의 신이십니다. 나는 일찍부터 그것을 알고 있었습니다만 모르는 체하고 있었습니다. 그것은 굳이 내가 기도를 드릴 필요가 없기 때문이라 말하겠습니다. 나는 당신이 언제나 우리 어머니 곁에 계실 것을 알고 있지 때문에 나의 신을 가진다는 것도 원치 않고 있었습니다. 나는 지금 그것을 뉘우치고 있습니다.

당신이여! 어머니에게 물어 보아도 아실 테지만 오래 전부터 심한 아픔을 겪고 있습니다. 당신께 나의 아픔을 고쳐달라고는 하지 않습니다. 감히 그런 은혜를 저에게 주리라고는 믿지 않기 때문입니다. 그러나 바라 옵건 데 이 침침하고 무거운 밤을 빨리 거둬 주십시오.

건강한 사림이나 병약한 사람을 위해서 당신께서 뜻대로 하시는 이 밤이 너무 길고 지루하다는 것을 아셔달라는 것입니다. 그리고 저를 위해 우리 어머님이 당신께 드리는 기도를 들어 주십시오. 때로는 나의 아픔보다 어머니의 그 기도가 더 나를 괴롭힌다는 것을 아십시오. 이 밤을 거둬주십시오.

참새 울음소리가 들려온다.

아! 이 순간! 나를 덮고 있던 무거운 밤이 걷히는 것을 느낀다. 나는 빠져 들어가는 진흙 속에서 헤어날 수 있는 소리임을 깨닫는다.

문을 노크하는 소리가 들린다. 어머니다. 그는 달인 약을 가져오신 것이다. 나의 손이 떨리고 있음을 안다. 그러나 거기에서 죽음을 이긴 강인함을 찾는다.

유언이나 죽음을 생각한 일은 부끄러운 일이다. 모든 이의 평화를 위해 끝까지 참지 못한 일이 그저 부끄러울 뿐이다.

땡, 땡, 땡, 때 — ㅇ. 시계가 네 시를 알린다.

(1974)

세계를 떠돈 어릿광대, 나의 젊은 날의 삶

나의 역마살(役馬煞)은 1966년, 마니라에서 열린 UN주최 여성지위향상 세미나에 참가하는 것으로 시작되었다. 한 해가 멀다고 집을 떠나 김삿갓도 아니면서 홀로 나그네가 되어 세계를 떠돌아다닌 나의 사주에는 실제로 역마살이 두 개나 끼어있다. 1989년에야 여행자유화가 된 한국인이 해외에 나가기 위해서 여권을 낸다는 것은 '하늘의 별따기'였단 시절, 나는 국제회의 참가를, 또는 신문사 프리랜서 취재를 명분으로 김포공항을 빠져 나가기만 하면 여권을 쥔 김에 비행기 표 하나로 갈 수 있는 나라들을 줄줄이 들르곤 했다.

그 시절에 여자 혼자 남의 나라를 다닌다는 것이, 행여 이북 첩보원에 납치라도 당하는 일이 생길까봐 정부에서는 모른 척 할 수 없는 일이었다. 나는 현지 공관의 보호를 싫던 좋던 받으며 다녔다. '나 홀로 걸어서'의 여행이 아닌, 귀한 손님노릇을 하며 해외공관에 나와 있는 신사들의 에스코트를 받는 신데렐라가 된 것이다. 뒤집어 추리한다면, 이 여성이 밖에 나가서 혹, 무슨 간첩 행위라도 하는 것이 아닌가 하는 것도 겸해서 밀착 감시를 위한 에스코트였는지도 모르지만 말이다. 그랬건 아니건 나는 그럴 때마다 기사도(騎士道)를 발휘하는 멋진 신사 앞에 숙녀가 되어 마음속으로는 데이트감정을 쏠쏠히 누리며 다녔다는 것도, 아니라고 말 할 수 없다.

1973년, 우리나라 남미 농업이민이 한 참일 때, 교포들의 삶을 취재한다고, 태평양 한 가운데 타히티 섬나라를 거쳐, 아르헨티나, 칠레, 페루, 우루과이 등, 남미의 그 많은 나라들을 샅샅이 돌고는, 그래도 모자라서 돌아오는 길에 카리브 해의 섬나라, 도미니카 공화국과 아이티까지 찾아갔다. 아이티를 간다니까 "그 가난한 검둥이 나라에, 영어도 통하지 않는데 뭣하러 가느냐?"고 말리는 외교관도 있었는가 하면, "이경희씨에겐 갈만한 나라에요. 그 나라 그림들이 참 좋거든요."하고 용기를 주는 문정관도 있었다.

혼자서의 나그네 길은 구애받는 일이 없어서 좋았다. 박물관, 미술관을 들르는 일은 필수였지만 나는 별나게도 작은 극장에서의 공연을 보는 것이 여행의 즐거움의 하나였다. 그 중에 나를 반하게 한 것이 유럽나라에서 흔히 볼 수 있는 마리오네트(Marionette)* 공연이었다. 우리나라에서는 일본사람들이

버리고 간 '인형극'이 라는 언어만 살아있을 뿐 실제로 형체가 없이 불모지였던 이 마리오네트 공연을 보면서, 꿈과 정서와 해학이 넘치는 무대에 나는 참을 수 없는 유혹을 느꼈다. 호기심과 보잘 것 없는 용기로, 새로운 일을 하기 좋아하는 나는, 아니 일하기 좋아하는 것이 아니라 정확히 말하면 일을 벌이기를 좋아하는 나는 유럽의 마리오네트 공연 예술을 한국에 끌어드리기 위해 글을 쓰는 일을 잠시 멈추고 외도(外道)를 시작한 것이다.

한국에는 전통 민속놀음인 남사당(男寺黨)의 '꼭두각시놀음' 하나가 그나마 박물관 유리장 속에서 잠자고 있는 유물처럼, 공연하는 일도 거의 없었기 때문에 전문가도 아닌 내가 그 일을 하겠다고 한 것은 혼자서만 이런 공연을 보고 다닐 것이 아니라 우리나라 사람들도 즐길 수 있게 해 주고 싶은 그런 단순한 마음으로 뛰어들었던 것이다. 그러나 새로운 공연예술 분야를 탄생시킨다는 일은 그런 단순한 마음으로 되는 것이 아니라 정도(正道)를 찾아 발 벗고 나서지 않으면 안 되는 일이었다.

1978년 인도 뉴델리에서 열린 아세아 작가세미나에 갔다가 그길로 나는 독일로 향했다. 서울에 있는 독일문화원 관장인 게오르그 레히나 씨가 나의 마리오네트에 대한 관심을 듣고 독일 수튜트가르트에 가면 세계적인 마리오네티스트가 있다고 알려주는 바람에 우선 그 사람을 만나보고 싶어서 독일을 첫 걸음으로 택한 것이다.

　프랑크푸르트 비행장에서 택시를 타고 호텔로 가는 길에는 부슬부슬 비가 내리고 있었다. 길 양옆으로 욱어진 나무숲이 가도 가도 끝이 안 보인 탓인지, 택시 기사가 마치 나를 '이상한 나라 앨리스'에 나오는 알 수 없는 세계로 데리고 가는 것 같은 의심도 살짝 들었다. 뿌연 하늘 때문에도 더 그랬다. 한국에서는 보기조차 어려운 차종인 벤츠차 택시에 앉아 거룩한 체 하고 앉아있었으나, 라디오에서 하이파이 음악으로 흘러나오는 모차르트인지 베토벤이지의 귀에 익은 심포니 음악은 가뜩이나 불안한 나의 마음을 더욱 아득하게 만들고 있었다. 나는 뉴델리 작가세미나 중에 몰래 빠져나와 유명하다는 점성가를 찾아갔던 생각을 하며 그 때 들은 나의 별 이야기를 상기했다.

　"당신의 별은 뜨거운 태양입니다. 그 태양의별이 새로운 곳을 향해 강렬한 빛을 비추려고 하는군요." 점성가는 손님에게 좋은 이야기를 들려줘야 돈을 벌수 있다. 그렇기는 하지만 막 새로운 일을 하려고 하는 내가, 그것이 궁금해서 물어보러 찾아갔는데, "새로운 일을 하려고 하고, 그 일이 남을 기쁘게 해주는 일이라"는 점성가의 그 말이, 우연히 짚어 본 사기꾼의 무책임한 말이라고 해도 나는 그 말을 믿고 싶었다. 진동 없이 굴러가는 묵직한 밴츠 차의 편안함 때문이었을까, 부슬비가 나리고 있는 회색빛 그 길이 미지의 세계로 들어가고 있는 길 같아 불안 할 수 있었지만, 뉴델리 점성가의 말을 떠올리며 기대를 걸었다.

스튜트가르트에 세계적 마리오니스트가 산다는 말을 듣고 그야말로 남대문입납으로 찾아간 알브리히트 로저씨의 도움으로 나는 당장 마리오네트의 국제기구인 유니마(UNIMA, 국제 마리오네트 협회)에 한국을 가입시키는 일부터 했다. 프라하에서 조직된 유니마의 역사는 이미 50년이 된 유네스코산하의 국제기구이다. 유니마 사무국장인 폴란드의 헨리크 유르코프스키 박사를 통해 다음해인 1979년에 한국을 회원국으로 가입시키는 일을 그야말로 일사천리로 마무리했다. 그 후부터 나의 삶은 어릿광대가 되어 또 다른 형태의 나그네가 되어 세계를 떠돌아다니기 시작하게 되었다.

나는 마리오네트, 즉 꼭두놀음의 실체를 우리나라 사람들에게 보여줘야 했다. 그래서 만든 것이 꼭두놀음패 '어릿광대'(Marionette Theatre 'Piero')였다. '꼭두놀음'은 인형극의 순수한 우리말이다. 나의 첫 번째 작품으로 우리의 탈춤을 꼭두놀음으로 한 '양주별산대' 공연을 제작하였다. 꼭두극 '양주별산대'는 한국 최초의 마리오네트 공연으로 소극장 공간(空間)에서 그 첫 막을 올렸다. 말할 것도 없이 이 새로운 공연무대는 사람들의 큰 환영을 받았다. 소극장 공간은 '사물놀이' 음악을 처음 탄생시킨 곳이기도 하다.

한국이 유니마 회원국이 된 후, 그 첫 번째 총회가 워싱턴에서 열렸을 때였다. 나는 다음 총회개최지 선정을 할 때 동독의 드레스덴에 투표를 하였다. 바로 내 옆에 동독 대표가 앉아있었는데 그에게 바겐을 제안했다. "내가 당신 나라에 투표를 할테니 드레스덴이 결정되면 한국을 초청해 주시겠어요?" 동독 대표 메서 박사(Dr. Mäser)는 한 표가 소중하니까 쉽게 "야!"(Yah!)라며 반겼다. 메서 박사는 영어를 못했다. 나는 독일어를 못했다. 그래도 우리는 언어가 필요 없이 눈웃음만 가지고도 충분했다. 그렇게 해서 맺어진 인연의 의리를 메서 박사는 성실하게 지켜줘서 한국에서 아홉 명이나 참석하는 많은 인원의 비자를 세 번에 나누어 보내줬다.

1984년 동독 드레스덴에서 열린 세계꼭두극페스티벌(Dresden World Marionette Festival)에 '양주별산대' 꼭두극이 초청되어 나는 사물놀이 패까지 이끌고 드레스덴 공연에 나섰다. 한국에서 처음으로 공산권 국가 무대에서 공연을 하는 일이었다. 나의 도깨비짓은 본격적으로 국제무대까지 진출하기에 이르렀으니 그 때부터 나의 모습은 물귀신에게 잡힌 꼴이 되어 자꾸 자꾸 깊은 물속으로 끌려들어가고 있었다. 한 번 물귀신에게 잡히면 깊은 물속 바닥까지 끌려들어가지 않으면 놓아주지 않는다지 않는가.

드레스덴에 가기위해서 김포공항에 집합한 우리일행 중에는 나의 큰 딸 승온이도 단원에 끼어있었다. 공항으로 배웅 나온 나의 남편이 공연 준비물을 넣은 큼직한 트렁크를 지키고 서있는 딸을 보고는 말했다.

"어쩌다가 네가 젤소미나가 되었니?" 일행들은 폭소를 터뜨렸다. 안소니 퀸이 주연으로 나온 '길'이라는 영화에서 거리의 차력사인 안소니 퀸을 따라다니며 나팔을 부는 바로 그 젤소미나와 비유한 것이다. 웃기기 위해서 한 말이지만 비용을 절약하기 위해서 나의 딸까지 '어릿광대' 꼭두극단의 패거리로 동원시킨 나의 마음은 씁쓸했다.

나의 어릿광대의 유랑은 끝이 없이 이어졌다. 1984년 동독 드레스덴에서 열린 세계꼭두극페스티벌에 이어서, 1986년에는 유고슬라비아의 류브리아나(Liubliana) 청소년페스티벌에도 꼭두극 공연이 무대에 올랐다. 나는 무대 위에서 '양주별산대' 공연 시작 전에 제사상을 차려놓고 관객들로 하여금 그 앞으로 올라와서 절을 하게 했다. 우리들 패거리가 먼저 시범으로 제사상 위에 돈을 놓고 큰 절을 하는 것을 보여주었다. 한 가지씩 기원을 가지고 절을 하면 소원이 이뤄진다고 말해줬더니 관객들은 너도나도 줄을 서서 올라왔다. 유럽관객들이 지갑에서 기원을 담은 돈을 제사상에 꺼내 놓으면서 큰 절을 했다. 나는 그들이 우리의 민속무대 앞에서 정중하게 큰절을 하는 모습을 보며 마음속으로 마냥 흐뭇함을 느꼈다.

창작무대공연은 우리의 역사가 짧아서 유럽에 뒤떨어질지는 몰라도 오랜 역사의 얼이 살아있는 한국의 민속무대 앞에서 무릎을 꿇고 큰 절을 할 수 밖에 없이 만든 나의 '어릿광대' 행로는, 글을 쓰는 일에서 잠시 외도를 하였지만, 세계를 떠돈 나의 젊은 날의 삶의 작은 흔적의 하나로 여기고 싶다.

나의 어릿광대 노릇의 하이라이트는 뭐니 뭐니 해도 남사당 패거리 일곱 명을 거닐고 유럽순회공연을 했을 때일 것이다.

1982년, 프랑스 렌느에서 전통예술제가 열렸을 때였다. 렌느문화원장의 부인 프랑소아즈 구른 여사가 한국의 남사당놀이에 관심을 가지고 내한했다. 마담 구른은 한국의 민속놀이 '남사당'(男寺黨)의 참가를 나에게 부탁하였다. 남사당의 해외 첫나들이 공연이었다. 남사당 깃발을 쳐들고 꽹가리, 징, 장구 피리 등, 이 풍물들을 귀청 찢어지게 쳐대는 농악소리에 렌느 시민들은 놀래서도 튀어나오고, 흥겨워서도 거리에 뛰어나왔다. '농자천하지대본'(農者天下之大本) 이라고 쓴 긴 깃발을 앞세우고 길놀이를 하는 남사당 패거리 옆에서 나는 붉은 깃발 영기(令旗)를 쳐들고 따라다니는 광대가 되어야했다.

유럽인의 세련된 현악기의 리듬을 사정없이 바숴버리는 듯 때려대는 우리의 풍물악기들이 기를 쓰며 내는 소리는 프랑스의 작은 도시 렌느를 마구 흔들어대고 돌아왔다. 실제로 시민들 중에는 두 손으로 귀를 막고 찡그린 이마를 피지 못한 체 거리에 서있는 사람이 있는 것을 나는 보았다.

렌느 페스티벌에 이어서 남사당은 밀라노와 암스테르담 순회공연을 마치고 마지막으로 파리로 입성했다. 우리는 파리의 최고 문화관광지 퐁피두센터 광장에서 파리 시민들을 모아놓고 한 바탕 민속놀이 굿판을 벌였다. 이번에는 내가, 젤소미나가 아닌 본격적인 차력사 안소니 퀸이 된 것이다. "글을 씁니다." 하며 고상하게(?) 폼을 지으며 자기를 소개하곤 하던 여자가 어릿광대짓을 하며 세계를 떠다닌 지 20년 만에 외도를 끝내고 집으로 돌아온 내 집은 조금도 낯설지가 않고 그대로였다. 글을 쓰는 나의 세계가 늘 나를 기다리고 있었다는 것이 눈물 나도록 가슴 벅찼다.

그래서 되돌아 본, '지난날의 나의 삶'의 일부를 여기 간추려 보았다.

* string puppet이라고도 함.
끈으로 조종하는 꼭두각시극 또는 실이나 끈을 달아 위에서 조종하는 여러 가지 종류의 인형들의 총칭.

2부

속 산귀래(山歸來)
되돌아 온 개나리 꽃
비 오는 날엔 무엇을
제단의 꽃과 어머니의 기도
어릿광대와 창녀와
편지를 쓰는 마음으로
검은 고양이 네로는 나를 슬프게 했다
그는 하나의 거목
선물로 받은 옛 타이프라이터 이야기

속(續) 산귀래

산귀래라는 이름이 좋아서 나의 수필집 제목으로 쓴 일이 있다.

「산으로 돌아온다.」 — 어쩐지 여운이 남는 이름이다.

가을이 짙어갈수록 붉게 익어가는 이 사랑스런 열매에는 필연코 무슨 사연 같은 것이 있을 것 같기도 한데….

꽃집에 들렀을 때 산귀래가 눈에 띄면 너무도 반갑다. 줄기에 오래오래 달려있는 빨간 산귀래가 그래서 우리 집엔 겨우내 방에 꽂혀있다.

언젠가 아직 익지 않은 푸른 열매의 산귀래를 사왔더니 자꾸 열매가 없어져 갔다.

익기도 전에 열매가 떨어지다니. 그렇게 생각했었는데 며칠 후 그 엉성한 가지마저 없어져 버렸다.

아이들에게 물어보니까 순복언니가 버렸다는 것.

순복이의 대답이, "우리 고장에선 이것을 맹감이라고 하는데 라우. 열매가 빨개지면 먹지를 못해 라우. 시골서 이 맹감 따 먹으러 산으로 무척 댕겼어 라우."

나는 푸른 산귀래 열매가 하나 둘 없어졌던 이유를 그제야 알았다.

몇 개 남은 열매가 빨개지기 시작하니까 이젠 못 먹는 것이라고 버려 버린 순복이의 우직한 실수에 그저 웃고 말았다.

파란 열매를 따먹으면서 얼마나 고향 생각을 했을까?

억센 가지에 달려있는 동그란 산귀래 열매를 볼 때마다 나는 그 순박한 순복이의 얼굴이 생각난다.

(1973)

되돌아 온 개나리꽃

봄은 감상과 연결된다.

방안에 새 달력을 걸면서부터 나는 벌써 봄을 기다린다. 계절의 봄은 멀었어도 마음의 봄은 언제나 미리 온다.

그것은 매년 그랬다. 봄을 기다려야 할 아무런 이유가 없어도 겨울이 되면 어김없이 봄이 기다려지는 것은 웬일인지 모를 일이다. 겨울은 마치 봄을 위해서 있는가 보다.

흰 눈 위에 햇살이 반사되는 것을 볼 때 나는 봄을 느낀다. 길게 매달린 고드름에서 물방울이 떨어지는 것을 볼 때 나는 봄을 느낀다.

골목에서 아이들 노는 소리가 들려올 때 나는 봄을 느낀다. 밥상 위에 나박김치가 오르면 나는 또한 봄을 느낀다. 그러면 나는 달래나 미나리나물이 먹고 싶어진다. 아침에 일어나면

창문을 열고 싶어진다.

봄이 느껴질 때 나는 화장을 하고 싶다. 특히 이런 날 밖에서 빗소리라도 들리면 견딜 수 없이 내 마음은 창밖이 궁금해진다. 마른 잔디가 금세 솟아날 것 같고, 비었던 연못에 갑자기 나의 환각은 푸른 연잎을 띄운다.

오래간만에 내 방에 꽃이 놓였다. 손님이 사 가지고 온 것. 그 꽃에서 나는 문득 봄을 느낀다. 이 계절은 어디에서나 봄을 느낀다. 봄의 느낌이 흘러넘칠 때 사물은 윤이 난다.

꽃을 보고야 나는 그 동안 꽃을 잊고 지냈던 것을 깨닫는다. 정말이지 겨우내 나의 방에 꽃 없이 지낼 수 있었던 내 마음의 가난함을 알고 부끄럽게 생각한다. 사실 나는 그렇게 바쁘게 살아온 것이다.

작년 겨울에는 방안에 동백 화분이 있었다. 나의 글을 기다리는 친구 몇 분을 골라 나는 그 꽃을 그려 연하장 대신 보냈었다. 이것은 재작년, 탐스러운 붉은 철쭉꽃이 내 방에 놓여 졌을 때부터 생긴 버릇이다.

받은 이마다 보내오는 답장을 나는 마치 어린애처럼 기다렸었지. 그러나 Q씨와 M씨는 끝내 화답을 보내주지 않았다. 언젠가 만나면 은근히 따져 볼 생각을 한다.

아직 봄이 일러서인가? 봄꽃은 하나도 찾아볼 수 없다. 방안에 꽂혀 있는 카네이션이나 동백은 모두 봄과는 상관없다. 꽃이 길래 봄을 느끼게 하여도 정작 봄꽃이 아닌 것은 섭섭한 일이다.

봄꽃이란 노란 빛일까? 노란 꽃을 보면 봄을 느낀다. 노란 꽃에서 봄의 향기를 느낀다. 필경 봄 향기란 노란 빛깔일는지 모른다.

그 전에 나는 노란 빛의 꽃은 이별을 뜻한다고 하여 남에게 주는 것이 아니라고 들었다. 그렇기 때문에 그런 노란 꽃을 일부러 남에게 준 일이 있었다.

대학에 다닐 때 데이트하던 남학생이 있었다. 공연히 우리는 말다툼을 하였다. 나는 편지 속에 막 핀 개나리꽃 가지를 따서 넣어 보냈다. 그런데 개나리꽃이 되돌아왔다.

그 이유를 나는 너무도 잘 알 수 있었다. 그리고 그렇게 안심될 수 없었다. 어떤 의미에서 그것이 되돌아오기를 기다렸는지 모른다.

그래서 나는 봄을 잊을 수 없다.

그래서 나는 봄의 빛깔을 잊을 수가 없다.

(1977)

비오는 날엔 무엇을

 비오는 날엔 무엇을 할까 생각해본다. 하늘이 푸른 날엔 또 무엇을 할까 생각하면서 산다.
 매일 매일 그날에 해야 될 테마를 갖는다는 것은 당연한 일 같으면서도 나는 요즘 그것이 그렇게 힘들 수가 없다. 대체 인생에 있어서 오직 하나의 주제(主題)만 가지고 사는 사람이 있을까?
 내가 읽은 위인전이나 영웅전의 주인공들은 마치 하나의 주제만 가지고 살았기 때문에 위대해진 것처럼 기록되어 있다. 그러나 이 나이가 된 지금 생각해보면 그것은 전기를 쓴 사람들이 그 인물을 미화하기 위하여 그렇게 기록한 것이지 당사자 자신들은 절대로 그렇지 않았으리라고 생각한다. 정말 위인들이 오직 하나의 주제만 가지고 일생을 살았다고 하면 그는 결코 인간의 영웅이 될 수 없었을 것이 틀림없다.

　많은 생각 끝에 얻어진 하나의 주제. 그리고 목표. 말하자면 군인이 될까, 학자가 될까, 예술가가 될까, 이렇게 테마를 얻기 위해 위대한 인물들은 그 결정에 있어 고민하였을 것이 분명하므로—.

　물론 거기에는 천운과 시대의 운이 따라야 하는 것이기도 하지만 여하튼 사람이 자기의 마지막 테마를 갖는다는 것은 천재 같은 것에서가 아니라 세상을 볼 줄 아는 눈과 생각에서 만들어지는 것이기 때문에 역사에 남고 길이길이 인간의 문명에 도움이 되는 것이 아닐까? 여하튼 위대한 영웅은 한 점의 의심 없이 자기가 걸어 나갈 중요한 주제를 가지고 살아나온 사람들이다.

　그런데 요즈음 나에게 있어서는 그날그날 해야 될 일에 있어서 아무 생각 없이 분주하고 고민스럽기만 한 것은 웬일인지 모르겠다. 나는 요즘 도시생활이란 것에 대해서 깊이 생각한다. 그리고 대사회(對社會) 관계며 대인간(對人間) 관계에 있어서 많은 것을 생각한다. 그것은 옛날에는 하찮게 생각했던 일들이 어느새 그것이 나의 인생문제로서 크게 연결되곤 한다는 것을 깨닫게 되면서 부터이다. 말하자면 옛날엔 나 자신의 처신문제나 젊음에 대한 것, 혹은 전공 문제 등, 이런 것이 나 혼자서만 해결되었던 것인데 이제는 나의 아이들이나, 나의 남편이나, 나의 친구나, 그리고 나의 나라…, 이런 차원에서 생각하게 되기 때문이다.

어느새 나는 이 사회와 그리고 인간의 숲속에 얽매어진 하나의 수목처럼 움직일 수 없는 사람으로 존재하고 말았다. 그것은 기쁨일 수도 있으나 표현할 수 없는 부자유와 불편함을 느끼기도 하는 것이다. 이 빠져나갈 수 없는 숲속에서 정말 나 혼자만의 주제를 가지고 살아갈 수 있는 것인가. 간혹 내가 기막힌 것을 생각하여 그것을 행하려고 할 때, 또 그것은 이미 다른 많은 사람들이 고민하다 버린 쓸모없는 것이었음을 알 때, 나는 이 헤어나갈 길 없는 숲속에서 고독 같은 것을 느끼곤 하는 것이다.

나는 글 첫머리에 그날의 주제를 찾지 못하여 고민하고 있다고 하였다. 물론 그것은 누구에게도 알릴 수 없는 나의 큰 목표에 대하여 보탬이 되어져야 한다는 전제임은 두말 할 것도 없다. 먼 훗날 나의 상(像)에, 오늘 내가 하는 일이 어떻게 반영되어질까? 적어도 이런 것을 생각하고 하는 것들이므로—.

이야기가 너무 거창하여진 것에 대하여 스스로 미안함을 금치 못한다. 그러나 사람은 정말 정직하고 솔직할 때 의외로 다른 사람에게 충격을 준다는 사실을 나는 안다.

이 세상은 한마디로 말하여 적당한 위선과 그리고 벗겨지지 않는 가면과 거짓의 목소리로 위장하여야만 그것이 진실 되게 보인다는 것에 정말 슬픔을 느낀다.

오늘 비오는 날 아침, 나는 무엇을 해야 할까 하는 이 생각 때문에 많은 시간을 보내고 있다.

(1977)

제단의 꽃과 어머니와 기도

성당에 가면 늘 앞자리에 가서 앉는다. 제단 앞의 꽃이 아름다워서이다.

나의 어머니는 앞자리에 앉으셨다. 제단과 가까울수록 하느님 앞에 가까이 앉는다는 말씀이셨다. 그때 그 어머니의 설명은 나에게 아무런 흥미를 느끼게 하지 않았었다.

오래간만에 오늘 나는 성당에 갔다. 일요일엔 무슨 일만 생기면 핑계대고 미사를 빠지곤 하였기 때문에 실로 오래간만에 성당에 간 것이다. 그리고 앞줄에 가서 앉았다.

긴 중앙 통로를 따라 맨 앞줄까지 걸어가는 데에는 용기가 필요하지 않은 것은 아니다. 그러나 이젠 그런 용기에도 익숙해졌다.

오늘 제단에는 흰색 글라디올러스와 연 오렌지색의 장미가

꽃꽂이되어 있었다. 제단 전체를 가릴 듯이, 듬뿍 장식되어 있는 그 꽃들의 빛깔의 조화이며 모습이 천사를 느끼게 할 만큼 아름다웠다. 순간 나의 마음과 몸도 꽃과 같이 아름다워지는 것 같았다. 나를, 오늘, 이 좋은 자리에 나와 앉게 해 준 보이지 않는 힘에 대한 감사한 마음이 함께 들었다.

의자에 앉자마자 성호를 긋고 눈을 감았다. "어머니, 감사합니다. 그리고 하느님 감사합니다.…" 나의 기도는 이렇게 어머니로부터 시작된다.

그토록 나에게 성당에 나가기를 원하던 어머니가 돌아가신 지 8년이 지났다. 어머니가 암으로 누워 계실 때 한 친구가 찾아와서 나에게 일러주었다. "어머니 머리맡에서만 있는 것보다 어머니가 살아 계실 때 네가 성당에 나가는 것이 더 큰 효(孝)가 아니겠니?"

나는 친구의 말에 떠밀려서 성당에 나갔다. 어머니는 그 이튿날 새벽에 돌아가셨다. 미소 지으면서 눈을 감으셨다. 이제는 더 이상 이 세상에서 하실 일이 없다고 생각하신 모양이다. 하나밖에 없는 딸자식을, 어머니의 외로운 인생을 믿고 의지하던 하느님께 맡기신 안도의 미소였을까. 두 눈을 감으신 어머니의 얼굴은 그리도 평안하고 고왔다.

실은 제단 앞자리까지 가서 앉는 것은 그 전에 흥미 없이 들었던 어머니의 믿음을 따르려는 뜻에서였으나 나는 내 딸들에게 "꽃이 아름다우니 앞으로 가자"고 하였던 것이다. 앞자리에 앉으면 제단의 꽃이 나를 반기고, 그 꽃들을 볼 때마다 나는 어머니를 생각한다. 눈을 감고 기도하면서 나는 어머니의 웃음 띤 얼굴과 마주한다. 어머니를 통하여 찾게 된 하느님. 그 하느님이 나에게 어머니를 만나게 해 주고 계심을 깨닫는다. 혼자 사시는 어머니를 모시고 있는 동안 괴롭혀 드렸던 만큼 더 밀려오는 그리움. 바로 그 어머니가 앉으시던 자리에서 나는 기도 속에서 어머니를 만난다. 이 고마운 힘. 나는 기도 이외에 아무 생각도 할 수 없다.

나이가 들면서 나의 기도는 점점 길어진다. 어머니가 하시던 긴 기도의 뜻을 깨달으며 나도 긴긴 기도를 올린다. 매년 늘어가는 가족을 위해 기도를 드린다. 올 봄에 초등학교에 들어간 외손자와 유치원에 다니는 외손녀, 큰딸과 사위, 아직도 시집 안 간 둘째딸, 작년에 애기 낳고 산후가 안 좋아 고생한 셋째 딸과 그 가족, 이제 막 첫 애기를 가진 넷째 딸과 그 애 신랑 등등, 그리고 인생의 가을에 와 있는 그이와 나.

나는 오랜 기도를 끝마친다.

제단의 꽃은 여전히 아름답다. 아름다운 꽃을 감상할 수 있었음은 큰 은혜였다.

(1999)

어릿광대와 창녀(娼女)와
— 암스테르담에서

Q씨. 꽃밭이 끝나는 데서부터 운하는 흐르고 운하 다음은 촌락과 목장—. 네덜란드의 인상은 그저 이런 연속의 화첩을 뒤지는 것 같았습니다.

평화라는 것과 근면의 실체를 꽃밭과 운하로서 연결시켜, '잘 산다'는 의미를 생각하면서 버스 창밖을 내다봅니다.

풍요라는 말은 여기에 해당될 수는 없지요. 그것은 미주(美洲) 대륙의 것. 우리와 같이 적은 면적의 땅과, 그 땅에서 열심히 사는 사람들의 근면에서 얻어지는 진상이 아니고서야 이 '잘 사는' 나라의 참 뜻을 깨달을 수 있겠습니까.

운하를 끼고 도시가 서고, 아니 도시로 운하가 지나간다고 해도 좋습니다. 짐 실은 큰 배도 지나 편리할 거고, 유람선도 오가서 낭만도 있고. 이런 것을 못 봐 온 한국의 여자는 계속

부러운 이유만을 생각해 냅니다.

Q씨. 그럴수록 더욱 저는 저를 의식하게 되는군요. 운하 옆에서 저는 사진 한 장을 찍어 봅니다.

암스테르담 관광 코스엔 창녀촌도 들어 있었습니다. 저는 창녀에 대한 불결감이 여성들의 증오의 감정과 연결된 것이었음을 뉘우치면서 새삼스러운 느낌으로 그곳을 구경하였습니다. 그리고 여행하는 남자들은 얼마나 좋을까 하는, 진정 동경의 마음으로 젊은 육체의 여인들을 감상하였습니다.

불 꺼진 창도 군데군데 있었습니다. 그 창속이 그처럼 호기심을 끌 수 없군요.

신사 숙녀들이 모두 잠시 그런 창속을 들여다봅니다. 저도 돈 낸 값을 다 치른다는 기분으로 그 속을 들여다보았습니다만 속상하게 아무것도 보이지 않았습니다.

운하를 사이에 두고 뻗어 있는 홍등가. 그 촘촘히 끼여 있는 적은 문 앞에, 혹은 장식창 안에, 그들은 손님을 부르기 위해 모두들 차려입고 저마다의 특징을 과시하면서 포즈를 취하고 있었습니다.

그녀들은 스스로 자기가 하나의 자랑스러운 상품임을 자처합니다. 그리고 우리들은 그 중에서 보다 나은 것을 고르는 손님이구요. 이런 것밖에 여기에 여자로서의 다른 감정이 삽입되지 않는다는 것이 저 자신 이상하였습니다.

그것은 아주 정화된 사랑의 감정이었습니다. 특히 우리의 안내양은 건강하고 발랄한 아르바이트 여대생이었어요. 신념 있는 그의 설명과 소개가 더욱 저에게 이 상품들을 사랑스럽게 하였습니다.

사실 이들은 이 나라가 내세우는 자랑스러운 물건(?)들입니다. 진실이 너무 적나라하게 나타날 때 우리는 당황합니다. 그러나 그 솔직함은 존경스러울 수 있습니다. 암스테르담의 창녀촌은 그런 데에 속합니다.

"하룻밤을 충분히 지내는 데 암만입니다. 한 시간은 25길다이구요. 청결을 보장하며, 미녀의 서비스는 완벽합니다."

아라네라는 이름의 아르바이트 여대생은 아주 운치 있는 표현으로 이렇게 소개합니다.

딸을 가진 나, 한 사내의 아내인 나, 저는 정직히 이런 연대적 감정의 갈등과 싸우면서 거짓 없는 동물이 되어 보곤 하였답니다.

저는 새삼스럽게 '직업'이란 이름의 위대한 힘을 깨달았습니다. 직업엔 귀천이 없다는 말을 실제 눈앞에 보는 느낌이었으니까요. 그것은 그저 엄숙한 것. 그리고 처절한 것뿐입니다. 문학이나 예술인들 그렇지 않습니까? 그 창녀 중 누군가가 그렇게 말할 수 있을 것 같았습니다.

제가 서구적 직업의식의 철저함에 머리 숙인 사례는 이것뿐이 아니었습니다.

한 나이트클럽에서 늙은 피에로 부부의 쇼를 보았습니다.

한눈에 이들은 이것으로 늙은 사람들임을 알 수 있었습니다. 그만큼 거의 완숙한 재주를 가진 어릿광대였습니다.

어릿광대의 애수 띤 독특한 분장. 그것부터에서 저는 웃음을 참을 수 없었습니다. 노상 바이올린을 가지고 하는 쇼였습니다. 귀에 익은 명곡을 아주 제대로 연주하여 그것만으로도 관객을 사로잡는 그런 완벽한 솜씨였습니다.

어릿광대가 연주하는 동안 그 허술한 바이올린의 줄이 하나하나 풀어지기도 합니다. 그러는 순간 그의 얼굴은 점점 슬픈 표정으로 변해 가며 하나밖에 남지 않은 줄로 그냥 무슨 곡인가를 켭니다. 그 곡이 그리도 슬플 수가 없습니다. 바이올린 소리는 정말 변함없는 선율로서 저를 매료시켰습니다.

그런데 Q씨. 제가 말하려는 것은 이것뿐만이 아닙니다. 그 뒤에서 남편의 조역을 맡고 있는 부인이, 남편이 하는 쇼를 바라보고 서 있는 그 눈빛입니다.

어쨌든 수백 번 수천 번을 했을 그 같은 쇼일 텐데 부인이 그것을 그리도 반해서 볼 수 있을는지요. 저는 광대 구경보다, 황홀한 눈으로 남편의 재주를 바라보고 있는 그 부인의 모습을 더 감명 깊게 구경하였습니다.

참 행복할 거라고 생각했지요. 적어도 그렇게 봐주는 아내 앞에서 재주를 부릴 수 있는 남편. 그리고 그 반해 버릴 수 있는 남편의 재주를 매일매일 볼 수 있는 아내. 정말 볼 만한 구경이었습니다. 재주의 다음은 확실히 예술입니다. 이 광대는 예술을 하고 있었습니다. 누가 뭐래도 그것은 예술이지 재주는 아니었습니다. 영혼이 깃들고 아름다운 세상을 펼치는데 그것이 예술이 아니겠습니까.

저는 이 광대 구경을 하면서 스스로 부끄러움을 느꼈습니다. 재주는 고사하고, 이렇게 직업에 목숨 걸지 못하고 살아온 것에—.

Q씨. 관광버스가 한 술집 앞에 우리를 부려 놓았습니다. 이 나라 특유의 술맛을 보여 준다는 거였습니다. 관광객들은 좁은 홀에 들어가 모르는 사람들끼리 서로 얼굴을 맞대고 앉았습니다. 이럴 때 저는 외로움을 느낍니다.

전혀 모르는 이국인들 사이에 저 혼자뿐인 동양인이 그들과 얼굴을 맞대고 바라보고 있어야 한다는 일은 정말 괴로운 일이군요. 그렇지만 멋진 신사나 예쁜 여인과 짝이 되는 경우도 기대 안 되는 것은 아니지요.

여하튼 저의 앞자리에 앉게 된 사람은 체면 없게 보이는 뚱뚱한 할머니 할아버지였습니다.

무슨 동물이나 쳐다보듯 눈을 똑바로 뜨고 저를 보는 게 아니겠어요? 술이라도 빨리 제 앞에 놓여 진다면 그 곤혹을 피할 수도 있었겠는데 아무리 기다려도 주문 받으러 오는 사람이 없었어요. 알고 보니 그 술집에는 젊은 청년 혼자서 일하고 있었습니다. 그 청년이 손님 한 사람 한 사람한테 가서 주문을 받고 술을 나르고 하는 거예요. 그러니 제 차례까지 오기가 쉬웠던 건 아니지요.

그런데 더 답답한 것은 그 청년 친구, 조금도 서두르지 않고 여유 만만히 다니는 태도였습니다. 마치 오페라 가수처럼 배에 힘을 주고 콧노래를 부르면서 마냥 기분을 내며 손님을 대하는 것입니다. 저는 뚱뚱보 할머니 할아버지 앞에 더 앉아 있기도 고역스러웠지만 그 건장한 젊은 청년을 가까이 대할 수 있는 바에 있는 자리가 눈에 띄어 그곳에 가서 걸터앉았습니다. 그리고 청년에게 말을 시켰죠.

"이 가게, 당신 거예요? 혼자서 하세요?"

청년은 주문한 말간 빛의 술을 제 앞에 갖다 놓으면서 말했습니다.

"물론이죠, 제가 주인이죠. 혼자서 하는 거예요."

"그럼 부자시네요."

"뭘요. 돈은 은행에서 빌린 거랍니다. 직장에 다니다 얼마 전에 이걸 시작했습니다."

여기까지는 돈을 얻어 사업하는 우리의 경우와 같을 수 있습니다. 그런데 인상적인 것은 손님이 많이 왔다고 해서 일을 적당히 해치우는 것이 아니라 똑같은 템포와 마음으로 완벽하게 한 가지 한 가지를 하고 있는 모습이었습니다. 저의 생각 같아선 한꺼번에 밀어닥친 손님들 편에서 오히려 적당히 해줄 것을 기대할 정도인데 거꾸로 이 청년은 자기 자신이 그렇게 못하고, 해야 할 순서를 다하고 있는 것이었습니다. 이런 술집을 혼자서 끌고 온 이유도 지금 생각하면 바로 그런 뱃보였을 것 같습니다.

겉만 보고 떠나는 손님에게는 사소한 특징도 오래 기억되는 법인지 모릅니다만 어떻든 이런 완벽한 직업 정신은 저를 매혹시켰습니다. 하다못해 길가 벤치에 앉아 있는 노인들까지도 제대로 차려 입고 직업적으로 나와 앉아 있는 인상이 우리와는 판이하게 다르다는 것을 느낍니다.

이제 고만 써야겠습니다. 안녕히!

편지를 쓰는 마음으로
― 나의 수필작법 ―

 글은 쓰고 싶고 재미있어서 쓴다. 이 이상 다른 이유라든지 목적은 없다.
 주어진 제목 『나의 수필작법』이란, 이런 의미에서 내가 글을 쓴다는 뜻과는 많은 거리가 있을 것 같다.
 애당초 나의 글에는 수업(修業)이라든가 시작(試作)이란 것이 없었고 처음부터 의식적으로 『수필』이라든지 『산문』이라고 하는 범주를 생각하고 써 본 일이 없었기 때문이다. 어떤 의미에서 일기의 연장으로, 혹은 편지의 연장으로, 지극히 가볍고 부담 없는 생각과 태도로 글을 쓰는 편이며, 구태여 내가 나의 글을 수필이라고 정해 버린다면 생각에 변화를 일으킬 것 같은 생각마저 든다. 그러나 앞서 언급했던,「쓰고 싶고」「재미있어서」쓰게 된 글의 과정에 대하여는 말할 수 있을 것 같다.

나는 대학 이학년 때부터 우연한 기회에 방송의 패널로 나가게 되면서 이십년 가까이 쭉 말로 시종하는 방송생활을 해왔다. 물론 이러한 나의 생활이 결코 싫지 않았기 때문이다. 그러나 왜 그런지 정열을 쏟고 노력한 이러한 나의 생활인데 돌이켜보아 남는 것이 없음을 알았다. 쌓아지는 것이 없음을 알게 된 것이다. 말하자면 이제까지의 나의 팬들이 늙어버리든지 아니면 없어져 가는데 이들이 결코 다른 청취자에게 나를 인계하고 물러가지 않았다. 나는 그 때마다 새로운 사람에게 다른 사람의 입과 설득력을 빌려 소개받아야만 했다.

이런 일은 점점 나이를 의식하면서 귀찮게 되고 또 크게 허망함을 느끼게 되었다. 그러면서 아득히 어린 후배들이 글을 쓴다는 이유 하나로 언젠가 벌써 많은 독자를 가지고, 그리고 누구 하나의 부축함이 없이도 모든 사람에게 소개 되곤 하는 것이 아닌가. 나는 항상 여자의 질투라든지 아량 없는 마음에 냉혹할 만치 비판적이었으면서 여기에 이르러서는 새삼스럽게 나 자신에 대하려 뉘우치게 되었던 것이다.

그것이 무엇일까? 꼭 같은 노력과 정열을 쏟았으면서 매번 내가 나를 소개하고 설명하기 힘든 그 사유가 무엇인가? 그것에 대하여 나는 생각하기 시작하였다. 한마디로 그것은 소리와 글의 영원성의 차이라고 나는 판단을 내렸다. 이제까지의 나의 기지와 정열을 허망한 소리로 공중에 날려버리고 마침내 남는 것은 껍데기밖에 아닌 것 같은, 갑자기 견딜 수 없는 바보인 나를 발견했던 것이다.

그것이 바로 내 나이 사십이 되려는 작년 초봄이 일이었다. 우선 조용히 한 사람의 아내로 늙어버릴 수 없다는 소녀 때의 꿈이 계속 살아 있었다는 원인도 있었지만, 여자가 집에만 들어박혀있으면 그 누구에게든지 뒤떨어진다는 사실을 알게 된 후부터 이러한 나의 생각은 굳어졌고, 그래서 무어든 해야 한다는 앙탈 같은 의지가 영원과 영결될 수 있다는 글 쪽으로 돌아섰던 것 같다.

나는 여기에 감히 『영원』이란 얘기를 하였다. 그리고 이것을 『글』이라는 것과 연결하였다. 그러나 이 얘기에는 어지까지나 「소리」와 비교하고, 내가 이제까지 한 일에 대한 너무나 허망한 것에 대한 반발적인 것이지 정말 장구한, 그런 영원한 것이 아니라고 생각하면서 읽어주길 바란다. 왜냐하면 진정 영원한 것이란 꼭 글일 수 없기 때문이다.

여하튼 나는 이렇게 글로 전환하면서 매일 무엇이든 쓰기로 마음먹고 글을 쓴다.

나는 글을 쓸 때 누군가를 생각하면서 쓴다. 그런 것이 상을 만들 때 훨씬 쉽기 때문이다.

예컨대 나의 사랑하는 딸이거나 남편이거나 친구거나 아니면 적이라고 가상하는 어떤 이름 있는 사람을 설정하고 쓰기도 한다. 때문에 자연히 편지투나 아니면 기행문투가 되어버리는 경우가 많다. 그래야만 별로 거침없이 마음먹은 바를 모두 기술할 수 있을 것 같다. 그래서인지 나의 글을 읽는 분으로부터 너무 쉽게 쓰는 글이라는 말도 들으나, 앞에서도 얘기했듯 원채 때늦게 소리에서 글로 옮기는 작업이라 이 이상의 능력을 발휘할 수가 없고, 또 글을 쓸 때 말의 순서 같은 것을 염두에 두지 않는다. 순서를 생각하면 무엇이든지간에 제약을 받기 때문이다.

만약 내가 소설을 쓰는 경우를 예상하드래도 필경 나는 얘기의 순서에 그다지 신경을 쓰지 않을 것 같은 예감이 든다. 왜냐하면 문장이란 결코 다 읽고 난 후의 뒷맛이 아닐까 하는 나의 독단 같은 것에서다.

마지막으로 나는 문장수업에 대하여 힘이 미치지 못하기 때문에 의식적으로 문장수업을 하지 않는다. 더 깊은 이유는 책을 선택할 때 굉장한 수식이 나열된 그런 글이 좋지 않아서 외면해 온 탓도 있겠고, 결국 나는 그런 문장을 좋아하지 않는다는 것도 될 것이다. 물론 놀랄만한 수업의 문장에 경탄 않는 것은 아니지만.

여하튼 문장의 수식을 생각하지 않기 때문에 나와 같은 생각의 분에게는 읽혀질 것이 아닌 가 자위해 보기도 하는 것이다.

이상 나는 나에게 주어진 매수의 글을 모두 끝마쳤다. 그러나 편집자가 요구하는 그런 내용은 되지 못했을 것이다. 처음부터 나는, 나에게 요구하는 글의 작법이니 수업이니 하는 것과 출발이 아주 다른 사람이고, 설혹 내가 내 나름대로 습작을 했다손 치더라도 그것은 지극히 유치한 나의 사사로운 방편이지 결코 공개할 수 있는 떳떳한 방법론이 되지 못하기 때문이다.

  이 글 역시 그런 의미에서 누구에겐가 보내는 나의 거짓 없는 편지임에 틀림없다.

(1973)

'검은 고양이 네로'는 이제 가버렸습니다.
-제3회 조경희수필문학상 수상 인사말에서

나이 마흔을 앞둔 해였습니다.

어느 날 불현듯, 나는 시간을 허송하며 살고 있다는 것을 알았습니다. 내가 진정 하고자 했던 일이 있었을 텐데…, 그런 생각이 들자 갑자기 초조해졌습니다. 그날부터 나는 살아 온 기억들을 글로 쓰기 시작했습니다. 꼭 수필가가 되려는 목적을 가지고 글을 시작한 것은 아닙니다. 그저 글이 쓰고 싶었던 것입니다. 외롭고 힘든 작업이었지만 90일 만에 책 한 권 분량의 글이 되었습니다. 그래서 나온 책이 1970년에 출간된 첫 수필집 『산귀래』(山歸來)입니다.

얼마 전 조경희수필문학상 수상자로 선정되었다는 통지를 받고 감회가 컸던 것은 첫 수필집이 나왔을 때 기억이 떠올라서였습니다. 글을 쓰기 시작한지 40년 만에 나의 수필에 대한 평가를 받은 느낌이 들어서 그 때의 생각이 떠올랐던 것입니다. 그래서 수필집 『산귀래』에 쓴 후기(後記)를 다시 한 번 읽어보았습니다. 거기에는 대강 이런 글들이 쓰여 있었습니다.

「산귀래라는 이름이 좋아서 표제로 삼았다. 가을이 짙어갈수록 붉게 익어가는 이 사랑스런 산귀래 열매에는 필연코 무슨 사연 같은 것이 있어야 할 것 같기도 하고……. 크게 무슨 계획이 있었던 것도 아니다. 다만, 누군가에게 공감을 주는 글을 써 봐야겠다는 그저 그런 오기로 시작한 것인데 막상 쓰고 보니 글쓰기가 얼마나 힘들다는 것을 알았고 또 나의 생각과 표현이 이렇게 큰 차이를 갖는다는 것도 알았다…….

나는 요즘에 와서 대학 이래 오늘까지 무의미하게 살았다는 뉘우침이 점점 많이 느껴지는 것이 이상하다. 방송의 패널로 우중의 박수갈채를 받으며, 그렇게 20년. 물론 이것이 나의 직업은 아니었으나 나는 이런 문화적인 분위기가 좋아서 덤벙덤벙 살아온 것인데, 막상 오랜 세월을 그렇게 살아오고 보니 결국 다른 사람에게 누구라는 소개를 하기조차 이상하게 된 것을 알게 되었다. 내가 좋아하는 문화적 분위기를 좀 더 선용하였더라면, 예컨대 원래 꿈꾸던 글을 썼든지, 어차피 전공인 약학을 계속하였더라면 적어도 나의 정관사(?)는 교수 이경희로서 오늘의 나의 출세욕과 허영심을 충분히 만족시키고 남았을 것으로 확신한다.

어제 오늘, 밖에는 낙엽이 지고 비가 내렸다. 벌써 크리스마스가 다가오는 기분으로 조금은 초조하다. 처음부터 나의 계획은 70년도 크리스마스까지는 어떤 일이 있어도 이 책을 끝내야겠다고 생각했기 때문이다…….」

후기에는 이렇게 많은 이야기들이 쓰여 있었습니다. 마흔을 앞두고 뒤늦게, 그리고 문학을 전공하지도 않은 내가 글을 쓰고 책을 낸다는 것이 얼마나 자신이 없었으면 그토록 긴 긴 이야기를 늘어놓았는지, 하는 생각이 들었습니다.

『산귀래』가 출간 된 날의 쓸쓸했던 기억도 떠올랐습니다.

책이 완성되어 몇 권의 견본 책을 받아들고 감격스런 마음으로 인쇄소 문을 나왔는데 갑자기 나는, 그리도 열중해서 만든 『산귀래』를 들고 어디로 가야할 지를 몰랐습니다. 누구에게 제일먼저 책을 보여줘야 할지를 몰라서였습니다.

갑작스럽게 글을 쓰고 있는 나의 모습이 행여나 미운 모양으로 보여 지지나 않을까 해서 남편이 잠든 뒤에야 원고지 앞에 앉았고, 어차피 나의 책을 내줄 출판사도 없어서 자신이 출판사를 등록해서 모든 것을 혼자서 진행했기 때문에 함께 기뻐해 줄 사람이 없었던 것입니다.

나는 『산귀래』책을 가슴에 앉고 한참을 목적지 없이 길을 걸었습니다. 마치 사생아를 안고 갈 곳을 못 찾는 여인처럼 쓸쓸하기 이룰 때 없었습니다. 거리에는 어둠이 깔리기 시작하였습니다. 12월의 거리에서는 크리스마스 캐럴이 요란하게 울리고, 캐럴과 함께 어린계집아이의 찢어지듯 소리 높여 부르는 노래도 들리고 있었습니다. '검은 고양이 네로'였습니다.

"그대는 귀여운 나의 검은 고양이, 새빨간 리본이 멋지게 어울려, 그러나 어쩌다 토라져버리면, 얄밉게 할퀴어서 마음상해요……" 저 계집아이는 무엇 때문에 저토록 목청을 높여 노래를 부르고 있는지―. '검은 고양이 네로'는 나를 더 쓸쓸하게 하였습니다. 눈물이 쏟아질 것 같아 고개를 뒤로 젖혔습니다. 어두운 하늘에서 흰 것이 날리고 있었습니다. 첫 눈이 내리고 있었습니다.

그 후 매년 나의 첫 수필집 『산귀래』가 나온 12월이면 크리스마스 캐럴이 울리고, 계집아이의 목청높이 불러대는 '검은 고양이 네로'가 나의 슬픈 기억을 떠올리게 하였습니다. 어쩐 일인지 작년 12월에는 처음으로 크리스마스 캐럴이 울리지 않았고 '검은 고양이 네로'도 들리지 않았습니다. 더 이상 슬프거나 쓸쓸하지 않을 것 같은 생각이 들었는데 올봄, 조경희수필문학상 수상자로 선정되었다는 소식을 들었습니다. 나를 '슬프게 했던 검은 고양이 네로'는 이제 가버린 모양입니다.

글을 쓴다는 것은 참으로 외롭고 힘든 작업이었습니다. 그러나 그 외로움이 있었기에 끊임없이 글을 쓸 수 있었고, 글을 썼기에 나의 삶에서 충만의 기쁨을 얻을 수 있었음은 역시 축복이었습니다.

(2010)

그는 하나의 거목(巨木)

 이 이름은 나의 외조부라는 친근성보다 나의 스승으로서 오늘의 나를 형성하는데 길잡이가 되었고 나의 모든 가치관의 척도처럼 되어 준분이었다는 것을 나이를 먹으면서 더 확실히 깨닫게 된다. 더구나 무의식적으로 하는 동작이나 집안에서 아이들을 대하는 나의 태도에 내 자신도 깜짝 놀랄 정도로 그를 닮았다는 것을 발견할 때가 있다. 그러나 이상한 것은 그때 나는 그분한테서 구체적으로 가르침을 받을 수 있는 연령은 아니었는데 어떻게 그처럼 큰 영향을 받을 수 있었을까 하는 일이다.

 그는 구 대한제국 고급장교였으며 나라가 망하자 다시 신식 의학공부를 시작하여 80세로 세상을 떠날 때까지 인술(仁術)에 몸 바친 분이다. 이제는 그분이 처방한 약의 이름마저 찾아볼 수가 없으나 근대 한국에 있어서 이분의 비방인 '억간산'(抑肝散)이란 약은 우리의 어린이를 지켜 준 명약이었던 것을 나는 똑똑히 알고 있다. 그래서 할아버지의 약을 구하려고 먼 시골에서 줄지어 찾아오던 수많은 병자를 목격했던 것이다.

할아버지에 대한 유일한 기억은 그의 방으로 들어가면 언제나 약 냄새가 풍겼던 일이다. 그래서 후일 나에게 약 냄새는 곧 나의 할아버지를 생각하게끔 되었다. 깃털이 달린 군모(軍帽)에 많은 훈장을 가슴에 붙인 큰 액자 속의 할아버지 사진을 아직도 볼 수 있으나 그보다도 나에게 남은 인상은 중절모에 망토를 입으시고 검은 가죽가방을 든 그분의 풍채다. 그는 왕진 가실 때 언제나 인력거를 탔었는데 그 모습이 나에겐 위엄과 존경 그런 것이었다. 지금도 기억하지만 그는 멋진 신사였다.

외할아버지 집에는 아름다운 소리를 내는 큰 대리석 시계와 깊이 파인 조각이 있는 액자의 큰 거울이며 중국의 화류로 만든 책장이며 큰 병풍들이 많았다. 그러나 내가 커서 그런 골동품의 가치를 알게 되면서 할아버지 집으로 찾아갔을 때 이미 그 화려하던 물건들은 모두 없어지고 다만 그 멋진 조각이 있던 두꺼운 유리거울이 값싼 호마이카로 칠한 나무틀에 바꿔 끼워져 있는 것을 보았을 뿐이다. 할아버지가 세상을 뜨면서 그 집은 그렇게 몰락하고 만 것이다.

특히 나의 가슴을 아프게 한 것은 그가 가지고 있는 완고한

윤리관 때문에 갑자기 세상을 뜬 사실이다. 그것은 그의 아들이며 나의 외삼촌이 병으로 죽자 그의 젊은 아내가 할아버지가 그렇게 애원하며 말리는 것도 듣지 않고 개가했기 때문이다. 그래서 그는 그 일에 깊은 마음의 상처를 입게 되었고 마음을 편히 가져야 낫는다는, 그의 지론대로 마음의 평화를 얻지 못했던 그는 와병 3일 만에 세상을 하직한 것이다. 그때 나는 초등학교 3학년 때였다. 그런데 그 전날 할아버지가 돌아가신 꿈을 내가 꾸었다. 그래서 그 꿈 얘기를 외할머니한테 했더니 그 후 우리 가문에서는 외손녀인 나의 꿈 이야기가 오래도록 끝나지 않고 입에 오르내렸다. '경희에게 할아버지가 말하고 가셨다'는 그런 미신과 같은 얘기였다.

그 후 나는 쭉 할아버지처럼 되리라고 생각하였으며 대학 갈 때 전공학과를 택할 때도 별로 큰 생각도 않고 마치 레일을 달리듯 약학을 선택하게 된 것이다. 나는 당연히 그 할아버지처럼 되고 싶었고 필경 그 할아버지가 나에게 그것을 원했던 것처럼 생각되었기 때문이다. 특히 할아버지가 위대하게 느껴진 것은, 한번은 할아버지 집에 들렀더니 그는 큰 회초리로 외사촌 오빠를 때리고 계셨다. 그래서 집안은 온통 부산하였다. 그것은 아직 초등학교 5학년 밖에 안 되는 그 오빠가 어디선가 잎담배(葉煙草) 한 묶음을 가져다 담배를 좋아하시는 할아버지에게 드렸는데 그것이 바로 가까운 시장에서 주인 몰래 가져온 것이었기 때문이다. 그리고 그는 그날부터 즐기던 담배를 끊으셨다. 나는 그 때 공연히 그 담배를 피우시지 않는 할아버지가 불쌍하였으면서 어느 때까지 금연하시나 항상 눈여겨보았다. 그러나 그는 끝내 다시 담배를 입에 대시지 않았다.

만사에 있어서 자기 자신에게 단호하셨던 그분은 나에게 남성의 거목과 같은 이미지를 심어 주었고 여자는 도저히 남성에게 미칠 수 없다는 것을 보여 준 분이었다.

(1972)

선물로 받은 옛 타이프라이터 이야기

Q씨. 미국 몬타나주에 갔을 때의 얘기를 들려드립니다.

연초에 셸리아라는 여성에게서 새해 카드를 받으니까 문득 그때 생각이 나서입니다. 셸리아는 보즈멘이라는 도시에서 내가 사흘 밤을 묵었던 집의 부인 이름입니다.

그때, 몬타나에 다녀와서 쓴 메모장엔 이런 이야기가 적혀 있더군요.

「프렌치 씨에게 그가 듣고 싶어하던 한국에 대한 이야기를 더 많이 들려주지 못하고 돌아온 것이 아쉽다. 그것은 동양과 서양이라는 문화의 차이를 설명하는 것이 쉬운 일이 아니어서가 아니라, 그보다는 엄청난 크기의 땅에서 사는 그 나라 사람과의 공통의 관심거리를 찾기에는 우리의 일정이 너무 짧아서였다. 그러나 진정으로 한국이라는 나라를 알고자 하는 프렌치 씨의 관심에는 적지 않게 감명을 받았다. 이번 몬타나주 여행에서, 첫번째 민박 가정인 에이본시(市)에서의 헨슨 씨네와 두 번째인 보오즈멘시(市)의 프렌치 씨네 가정에서 똑같이 느끼고 돌아온 것은 그 사람들은 매일 매일을 신에게 감사하는 마음으로 살고 있다는 것이었다.'

Q씨. 몬타나에 가기 전에 미국을 여행하였을 때는 그저 미국이라는 거대한 나라가 갖는 부의 힘에 놀라움만을 느꼈을 뿐, 그 나라 사람들에 대해서는 잘 알지 못하였습니다. 그런데 그들과 함께 집에서 지내면서 느낀 것은, 그렇게도 부지런하고 검소하고, 그리고 가족과 이웃과 나라를 사랑하는 일을 다 하며 살고 있다는 것을 알게 된 것입니다. 그러면서도 매일매일을 신에게 감사하는 마음으로 살고 있는 그들에게 말할 수 없는 존경의 마음을 갖게 되었다는 것입니다.

Q씨. 에이본이란 도시에서 사흘을 지내고 다음에 보오즈멘이란 도시로 갔습니다. 보오즈멘에선 프렌치 씨 집에서 묵게 되었습니다. 그러니까 연초에 카드를 보낸 셀리아 여인의 남편이지요. 프렌치 씨는 건축가였습니다.

부인 셀리아는 남편이 아주 무뚝뚝하고 말이 없는 사람이라는 이야기를 그녀의 집으로 나를 데려가는 차 속에서 들려주었습니다. 손님인 내가 혹시 남편에 대해 재미없어 할까 봐서 얘기를 미리 한 것 같았습니다. 그러면서, 남편의 설계를 주부들이 좋아해서 이 동네 집들은 거의 남편이 설계한 집이라는 자랑도 잊지 않았습니다.

셀리아는 나와 동갑의 나이였는데도 아주 애 띠고 상냥한 여성이었습니다. 그녀는 언제나 웃으면서 나에게 많은 말을 해 주곤 했기 때문에 오래 전부터 친했던 가까운 친구같이 느껴졌습니다.

그녀는 식사를 준비할 때도 이야기를 안 하면 노래라도 불렀습니다. 그녀의 부엌에는 피아노가 놓여 있었는데 요리를 하다가도 오븐 속에서 음식이 익는 동안 피아노를 치기도 한답니다. 나는 그녀의 흥을 맞추기 위해서 못하는 노래 대신에 발레 동작을 흉내 내며 춤을 추어 보였습니다. 그러면 그녀는 기분이 좋아서 피아노 대신에 오디오 음악의 스위치를 켜는 나보다 더 큰 동작으로 춤을 추는 것입니다.

상상을 해 보세요. 두 여인이 저녁 준비를 하다 말고 팔과 다리를 옆으로 위로 저으면서 발레 춤을 춘다는 모습이 얼마나 가관이었겠어요. 저만치 소파에 앉아서 책을 보고 있던 그녀의 남편 프렌치 씨는 마침내 웃고 마는 것이었습니다. 결코 싫은 것이 아니라 아주 즐기고 있는 것 같았습니다. 아무리 무뚝뚝한 남자라도 그런 가관스런 모습의 여성들을 보고는 웃지 않을 수 있겠어요? 그날 저녁 프렌치 씨는 한국에 대해서 나에게 많은 것을 물어 보더군요. 프렌치 씨는 결코 무뚝뚝하고 말 안 하는 사람이 아니었습니다. 적어도 그날의 그는 그렇지 않았다는 것입니다.

"나는 내 남편이 이렇게 말을 많이 하는 것을 결혼하고 처음 보았습니다." 부인 셀리아의 말이었습니다.

그들 부부에겐 고등학교에 다니는 아들 둘이 있었으니까 결혼한 지 아마 15년은 되었겠지요. 그녀의 그 말이 설사 조금은 과장된 것이었다 하더라도 그날 그녀가 그토록 행복해 했던 것만은 나에게도 잊혀 지지 않는 일이었습니다. 간헐천

프렌치 씨 부부와 함께 옐로우스톤 국립공원에 간 날은 눈이 펑펑 쏟아져서 앞이 안 보일 정도였습니다. 하늘을 찌르듯 뿜어 올라가는 간헐천(間歇泉)의 물줄기, 그리고 아직도 살아서 부글거리고 있는 지각(地殼)들. 그런 자연 속에서 가끔 큰 뿔이 달린 엘크가 먹이를 찾아 눈길 위에 나와 있어서 프렌치 씨는 몇 번이나 차를 멈춰야 하기도 했습니다.

프렌치 씨댁을 떠나는 날 아침 일찍, 셀리아가 나를 보자마자 이야기했습니다.

"당신이 자러 간 뒤에, 남편이 밤늦도록 나무 상자를 짰답니다. 당신에게 줄 옛날 타이프라이터를 담기 위한 상자를 짠 겁니다. 우리 집에 온 기념으로 당신에게 그 타이프라이터를 주겠다는 거예요."

나는 너무도 의외의 말에 잠시 말문이 막혔었습니다. 프렌치 씨의 할아버지가 쓰시고, 그의 아버지, 그리고 프렌치 씨가 어려서 그것으로 타자치는 것을 배웠었다는 '언더우드'라는 이름의 옛 타이프라이터를 기념으로 준다는 것이 아니었겠어요.

바로전날 그 오래된 타이프라이터를 보고 내가 좋아했더니 말입니다.

프렌치 씨는 웃으면서 타이프라이터가 들은 나무 상자를 두 손으로 들고 왔습니다. 그리고는 타자로 몇 줄의 글이 적힌 흰 종이 한 장을 주었습니다.

'이 타이프라이터는 미세스 이경희에게 주는 선물입니다. 이것의 값은 단지 5불입니다. 잭 프렌치.'

한국에 입국할 때에 세관원에게 보여야 될 일이 있을지도 몰라서 썼다는 것이라는군요.

그 후, 프렌치 씨의 부인 셀리아에게서 매년 연말이면 카드가 왔습니다. 그러다가 어느 해인지 카드가 아닌 한 장의 편지가 왔습니다.

"남편, 잭이 저 세상으로 갔습니다. 당신이 우리 집에 와서 지냈을 때가 우리 가족에게 있어서 가장 행복했던 시간이었습니다.…"

얼마나 슬픈 소식입니까? 그토록 건장한 체격과 잘 생겼던 잭 프렌치 씨가 세상을 떠났다니! 그 소식은 오랫동안 나에게도 슬픈 일로 남아 있었습니다.

그런지 몇년 후에 그녀에게서 또 한 장의 편지가 왔습니다. 편지에는 재혼을 하였다는 이야기가 쓰여 있었습니다. 그 후부터 그녀는 셀리아 프렌치가 아닌, 셀리아 우드라는 이름으로 카드를 보내는 것입니다.

연초에 온 카드에도 '셀리아와 빌 우드.' 이렇게 되어 있었습니다.

(1978)

3부

봄 시장
연못
뜰이 보이는 창
여행, 그리고 외로움
북어
행운은 항상 나에게
왕과 나
플라멩코와 스페인
안소니 퀸의 춤 그리스인 조르바

봄 시장

봄 시장이 펼쳐진 골목길은 지난다. 씀바귀, 쑥, 달래 등등. 눈을 번쩍 뜨게 하는 선명한 연두색 봄 빛깔이 새삼스럽게 나를 놀라게 한다.

사람들이란 정말 못 먹는 풀이 없구나-. 계절을 따라 용케도 이런 풀을 찾아낸 아낙네들의 섬세한 눈이나 향기로운 마음씨, 서울 한복판 골목길에서 대하곤 마음속으로 환성을 올린다.

물기가 있어 싱싱한 이런 봄나물들에 나는 견딜 수 없는 식욕을 느낀다. 빛깔이 좋은 고초장이나 보글보글 끓는 된장 냄새와 연결시키며 나는 소박한 봄의 식탁을 꾸며본다.

봄 시장에서 나는 처음으로 내가 여자임을 확인한다. 바쁜 생활 속에서 나는 내가 어떤 성에 속해 있었는지 까마득히 잊고 지나온 때가 너무도 많다. 오래간만에 나는 부드러운 여성을 되찾은 느낌이어서 기뻐지기도 한다.

작은 점포기둥에 주렁주렁 매달아 놓은 굴비들이 모두 입을 벌리고 있는 것을 보고 혼자 소리 내어 웃는다. 다른 사람들은 혼자 웃는 나를 이상하게 여기겠지….

『조기들이 괴로웠나 보지? 모두 저렇게 똑같이 소리 없이 입을 벌리고 있으니-.』

마늘도 그 곁에 걸려있다. 참, 지난겨울 김장하고 남은 마늘이 어떻게 되었더라? 오늘 집으로 돌아가면 챙겨봐야겠다.

시장 길을 막고 선 리어카들 위에는 온갖 고무신, 온갖 그릇, 온갖 액세서리들이 실려 있다. 늘 무관심하게 지나치곤 했던 이런 잡품들을 가까이 보고 그렇게 제대로 만들어진 것에 놀라고 그렇게 값싼 것에 놀란다.

꼬마를 데리고 멋있는 양장의 젊은 여인이 이쪽으로 오고 있다.

이 여인-. 어디선가 본 낯익은 얼굴이다. 인사할까 말까? 그런데 저쪽에서는 전혀 모르는 눈치다. 다행스런 마음으로 나는 그와 스쳐간다.

봄 시장은 그대로 꼬불꼬불 계속된다. 그리도 청신할 수가 없다.

봄은 봄인 모야이다.

(1977)

연못

연못의 물이 아무래도 맑아지지가 않는다. 어머니께선 매일 아침 진흙 빛으로 흐려진 연못을 들여다보시며 그 속에 넣은 금붕어를 꺼내자고 하시지만 나는 며칠만 기다리면 흐린 물이 맑아질 테니까 그대로 두자고 우겨온 것인데 벌써 한 달이 지나도록 연못물은 빨간 채로 있다. 어머니가 연못의 물로 그토록 성화를 하시는 이유는 수련 잎사귀가 진흙물 때문에 덜 파래보일 뿐 아니라 물이 맑으면 밑에서 올라오는 꽃 순을 볼 수 있다는 것이다. 결코 틀린 말씀은 아니라는 생각이다. 그러나 흐린 물대로 금붕어가 연잎 사이로 헤엄쳐 다니는 것을 저버릴 수 없는 심정이어서 그 말에 순종 않고 있다.

작년 봄, 마당 한 구석에 연못을 만들었다. 연못이래야 겨우 「티 테이블」만한 크기이다.

나의 집을 다녀 간 일이 있는 J씨가 살풍경한 마당을 보고 "마당에 연못을 만드세요. 그러면 내가 수련 한 뿌리 드리죠." 해서 만든 연못이다. 처음에는 이 작은 마당에 어떻게 연못을 만들 것인가 하였는데, J씨는 "요만만 해도 되잖아요? 그런 데서도 연(蓮)은 실컷 자랍니다." 하고 「티 테이블」만큼의 네모꼴을 손으로 그리 길래 정말 고만한 크기의 연못을 만들었다.

 붉은 오지벽돌로 둘레를 쌓고 펌프가의 수조 같은 네모난 연못을 만들었다. 약속대로 J씨는 수련 한 뿌리를 보내 주었고 그리고 나는 그곳에 금붕어를 사다 넣었다. 비록 작은 연못이긴 하지만 연못의 표정은 여간 다양하지 않았다. 아침과 저녁의 느낌이 그때마다 다르고 계절의 인상이 또한 달라졌다. 특히 그 연못 주변의 것들에 의해 흐뭇한 양상을 띠게 되었다.

 이렇듯 나는 연못을 만들면서부터 아침에 눈만 뜨면 마당으로 그 작은 연못을 위해 나가게 되었다. 마치 연못을 위해 아침을 맞는 것처럼—. 연잎의 순이 물속에서 뻗어 올라오고, 동그란 잎사귀가 물위에 하나 둘 늘어가고, 이런 당연한 변화가 나한테만 주어진 기쁨인 냥 마냥 행복하였다. 아침마다 먹이를 얻어먹은 습성 때문인지 금붕어들은 연잎을 닦아 주느라고 손을 물속에 넣으면 몰려와서 벌린 입으로 툭툭 건드리곤 한다.

 연잎은 계속 뻗어 올라와서 마침내는 자그만 수면을 꽉 덮고 말았다. 욕심은 거기에서 멈추질 않았다. 나는 그 연못에 꽃이 퍼서 덮어주기를 기다렸다. 그러나 첫 해에는 그렇게 연잎만 세어보는 것으로 끝났다.

겨우내 항아리 속에 넣어서 집안에 보관했던 연 뿌리를 4월이 되자 다시 연못에 심었다. 연잎은 작년의 두 배만한 크기로 물 위에 떴다. 그러자 꽃봉오리가 물 위로 올라오더니 다음날 아침엔 진분홍빛 연꽃이 피었다. 식구들은 그 작은 연못에 모여 함성을 올리며 좋아했다. 우리 집의 길조(吉兆)이기나 한 것처럼 그날은 하루 종일 들뜬 마음으로 지냈다. 어려서 안방 다락문에 그려진 연꽃 그림을 신기한 느낌으로 보았는데 그런 연꽃이 이제 우리 집 못에 핀 것이다. 그런데 그 날 저녁 집에 와 보니 꽃은 벌써 오므라져 있었다. 얼마나 실망하였는지! 연못을 들여다보고 서있는 나에게 어머니는, "노래에도 있지 않더냐? 연꽃이 피었네, 연꽃이 피었네. 피었다고 하였더니 볼 동안에 옴쳤네, 라는…."

어머니가 젊었을 때 부르셨다는 그 노래 가사를 들려주시며 연꽃이란 그렇게 쉬이 오므라 지는 거라 하셨다. 그러나 다음 날 아침에 그 연꽃 봉오리는 새로 핀 것처럼 다시 피어 있는 것이 아닌가? 나는 또 한 번 놀랬다.

낮에 J씨를 만나 그런 이야기를 하였더니 연꽃이 잠을 자는 거라 한다. 그래서 이름이 수련(睡蓮)이 아니냐는 것. 별로 뜻을 생각지 않고 불렀던 수련이란 이름이 이야기를 듣고 보니 얼마나 사랑스럽게 느껴지는지. 그날 저녁 나는 잠자는 연꽃을 오래도록 들여다보았다. 처음으로 꽃의 잠을 지켜 본 것이다.

 어느 날, 이 연못에 놀랍게도 조그만 청개구리 새끼 한 마리가 나타나 연못 위에 앉아 있었다. 이것도 연못이라고 풀 냄새, 물 냄새를 맡고 찾아 온 청개구리 새끼의 천진성에 절로 웃음이 났다. 하여간 생각지도 않았던 이 자연의 손님에 또 한바탕 집안 식구들은 떠들 썩 하였다. 자그만 연못과 연꽃이 이토록 우리 생활을 즐겁게 해 주리라는 생각은 옛날에 미처 기대 해 보지 못했던 일. 마치 장롱 밑에서 나온 없어졌다가 나온 트럼프 장 같은 것. 여분의 기쁨이어서 더욱 즐거운 걸까?

 인간의 욕심은 한이 없는 것인가 보다. 나는 「티 테이블」크기의 연못으로 만족할 수 없었다. 그래서 금년 여름, 한창 연꽃이 피고 있는 연못을 헐고 그 두 배의 크기로 확장했다. 깊이도 훨씬 더 파고 연뿌리가 잘 자라도록 진흙도 듬뿍 넣고, 그리고 금붕어도 더 많이 사다 넣었다. 넓어 진 연못에 연잎도 가득! 연꽃도 가득! 그리고 금붕어의 대행진(大行進)도 생각하며─.

 그랬더니 연못의 물이 빨개진 것이다. 그리고 나의 희망과는 달리 수련 잎은 도로 작아지고 말았다. 공연히 뿌리를 건드렸구나 하는 후회가 나에게 작은 고민으로 번졌다. 물론 내년에는 다시 괜찮을 테지만.

 연못을 고친지 한 달이 넘었다. 매일 아침 마당에 나가 연못을 들여다보지만 사과 알만한 연잎이 두어 개 엉성하게 떠있을 뿐. 역시 기쁨은 기다려서 오는 것이 아닌 모양인지-. 그러나 이런 일이 없었으면 연못에 대한 관심이 더 이상 지속되지 않았을지도 모를 일이다. 다 내일을 위하고, 더 좋고, 더 기쁜 일을 위해 만들고 저지르고 하는 것이 인생사가 아닌가. 금년은 이대로 참아야지―. 그러나 나보다도 더 연꽃에 관심을 가지고 아침마다 연잎 하나하나를 물로 닦아주곤 하시는 어머니께서 전과 달라진 연잎 크기에 실망하시는 것이 나에겐 더 안타깝다.

어머니 말씀대로 이제 연못 속의 금붕어를 꺼내야 할까 보다.

(1977)

뜰이 보이는 창

나도 그 시인처럼 – 남(南)으로 창을 내겠습니다. 크고 넓고 아름다운 창을. 그리하여 나의 작은 정원에 있는 풀과 나무와 바위를 보고 또 보고 하겠습니다. 아는 이들은 결코 나의 초라한 뜰에 호감을 갖지 않겠지요.

깨어진 흙 화분과 값싼 일년초들이 제 마음대로 널려있고 그 사이로 제대로 가꾸지 않은 잔디가 있는 뜰을 누군들 좋아하겠습니까만 이곳은 제법 우리 가정의 또 하나의 낙원이기도 합니다.

인간은 태어나면서부터 풀과 흙과 너무도 깊은 관계를 맺고 있다는 것을 나는 언제나 이 작은 뜰 위에 앉으면 생각이 난답니다.

언젠가 비가 내리던 오후, 창을 통하여 나무 잎 새 사이로 보는 나의 작은 뜰은 퍽이나 고전적이고 멋이 있었습니다.

이 방과 창과 저 뜰—. 이것만 가지고도 무엇인가 큰 작품이 될 것같이도 느껴졌습니다. 좀 어두운 분위기도 좋았고, 소리 없는 비의 동경(憧憬)도 좋았고, 또한 뜰의 전부가 보이지 않고 일부분만을 보여 준 창도 한량없이 좋았습니다. 밝은 창만 좋아하던 나는 그 후부터 어둡고 작은 인색한 창도 좋다는 것을 깨닫게 되었습니다.

나는 언젠가는 작은 화실을 하나 가져야겠다는 꿈을 버리지 않고 있습니다. 북쪽으로 만들어진 음산한 광선이 좋아지기 시작한 몇 년 전부터의 생각입니다.

그러나 북창에는 뜰이 보이지 않는 것이 탈입니다. 기껏 가로수의 중턱부터 보이거나 변화가 많은 하늘밖에 볼 수가 없습니다. 아마 이때부터 나는 뜰이라는 것을 재발견했는지도 모릅니다.

뜰이 보이는 창! 그래서 나는 꿈에서 현실로 돌아오곤 하는 것 같습니다.

가난하여도 그 뜰이 있기 때문에 나는 언제나 현실로 돌아오고, 땅에 붙은 생활을 다시 생각하게 되는 것인지도 모릅니다.

물론 나는 이 컴컴한 창과 작은 뜰로 만족하는 것은 아닙니다. 밝고 아름답고 넓은 창과 잘 가꿔진 뜰을 가지고 싶습니다.

이제 곧 내 뜰에 작은 못도 팔 것이고, 그 못에 연꽃도 띄우려고 합니다. 그리고 그곳까지 맨발로 밟고 걸어갈 수 있는 돌을 놓겠습니다. 어느 깊고 찬 시내에서 주워 온 흰 돌을 갖다 잔디밭에 파고 심는 것이 나의 소원입니다.

그 다음은 친한 벗과 좋아하는 분들 모시고 거꾸로 이 뜰에서 넓고 밝은 창을 구경시킬 생각입니다.

당분간 나는 이 생각만으로도 행복해질 것 같습니다.

마침 갖고 싶던 돌이 생겨서 창과 어울리게 작은 정원을 꾸몄습니다. 연못도 곧 팔 것입니다. 모든 것을 한꺼번에 다 해치우면 쓸쓸할 것 같아 하나씩 하나씩 할 생각입니다.

잔디밭과 같은 높이의 연못을 생각합니다. 기껏해야 나의 창 크기만큼이나 되겠지요. 나는 그 연못 속을 들여다 볼 때마다 필경 나의 창을 들다보는 그런 인상이 될 것 같은 기분입니다. 조용한 물속에 푸른 하늘이 담겨 있고, 또 그곳엔 흰 구름들이 떠 있게 될 테지요. 그러면 나는 이 못가에서 조금은 더 행복해질 것입니다. 고인 물이니까 이 물은 퍼서 꽃에 주고 그리고 또 새로운 물을 담아 둘 생각도 합니다. 좀 더 낭만을 생각한다면 이 못에 새들이 와서 물을 마셔도 좋고 마른 나뭇잎 새가 떨어져도 좋을 것 같습니다.

어떻든 나의 뜰에 또 하나의 창을 심는다는 것을 생각하면 공연히 좋아만 집니다.

(1971)

여행, 그리고 외로움

 지도를 보는 버릇이 있다. 가보고 싶은 곳을 지도에서라도 충족하고 싶은 그런 심리에서일까?

 어딘가 먼 곳을 향하여 길을 떠나보고 싶은 것이 나의 어렸을 때부터의 꿈이었는데 네 아이의 어머니가 된 지금에도 그때의 꿈에는 변함이 없다. 오히려 그때보다 더 구체적이고 현실적인 욕구로 여행에 대한 충동이 밀려오곤 한다.

 여행에는 으레 고독 같은 외로움이 뒤따르게 마련이다. 낯설은 외국인들이 오가는 길가를 내다보면서 마시는 차 맛의 유별남이란 얄팍한 감상 같은 것으로만 다룰 것이 아니다. 보다 깊은 큰 인생의 또 가른 어느 고귀한 감정으로 풀이해야만 할 오직 경험자만이 가질 수 있는 감정이 아닐까?

 별로 신기하지도 않은 차 그릇의 형태나 차의 향기가 유난히 나의 호기심의 대상이 되고 그리고 이 시간, 내가 두고 온 집의 모든 식구들이 무엇들을 하고 있을까 하고 낱낱이 점검하다시피 회상할 때 여행자는 처음으로 자기를 느끼고, 새삼스럽게 인생이 무엇인가를 음미하게 된다. 내가 끝없는 여행에 대하여 하나의 향수를 버리지 못하는 것은 이 때문인지 모른다.

여행할 때면 누구에겐가 글을 쓰고 싶어지고 숨겨두었던 마음의 얘기를 적어 보내고 싶어진다.

「나의 사랑하는 딸 溫이에게.

온이야, 나는 지금 북극 오슬로에 와있다. 눈이 무릎까지 내린 이곳의 기온은 지금 영하 20도란다. 그러나 엄마는 이곳 독특한 털옷을 입고 있기 때문에 추운 줄도 모르고 벌겋게 달아오른 난로 곁에서 차를 마시고 있다.

어제는 처음으로 북극의 특유한 오로라를 보았다. 처음 보는 것이었는데 나는 몇 번이나 본 사람처럼 조금도 놀라지 않았다는 것은 정말 이상한 일이었다. 왜 그랬을까? 어려서부터 너무도 많이 꿈꿔 왔고 그림이나 사진에서 익혀왔기 때문일까? ……」

나는 뒷날 그곳에 가서 보낼 이런 식의 편지까지 몇 번이고 마음속으로 써본다. 그리고 서울에서 오랫동안 말 않고 지내던 친구에게 기나긴 그동안의 사연을 쓸 것도 생각한다.

「U에게! 내가 이 편지를 쓴다고 너를 용서한 것은 아니다. 그러나 그것은 이런 거 아니냐. 네가 하지 않았다는 말이 어떻게 모두들 알고 그 야단이냐 말이다. 그 일은 너와 나만이 알고 있는 일인데……. 나는 이곳에 와서 자기 거짓말 때문에 고통하는 네가 한없이 안 되어서 지금 이 시간 그저 조용히 타이르고 싶은 마음에서 이 편지를 쓴다. 밖에는 가까운 교회의 저녁 종소리가 요란하다. 내가 서울에 도착할 때 정말 뉘우친 너를 보고 싶다.」

이런 식의 교훈조의 편지도 써본다. 이것도 여행지의 외로운 마음이 아니면 끝끝내 씌어 질 글들이 아니기 때문이다.

또 여행은 내가 찾고 있는 이상한 모임과 그 주변의 사람들을 만날 것 같아서 흥미롭다. 물론 그 「이상한 모임」이란 구체적으로 어떤 것이란 것은 알 수 없다. 그저 막연히 생활이 다르고 습관이 다른 외국인들에게는 나의 상상을 훨씬 넘는 괴벽스런 모임이 있을 것만 같다는 생각이 들어서다.

물론 영영 찾아낼 수 없을지도 모른다. 여하튼 여행이 고정된 코스와 누구나 볼 수 있는 것에서 멈추는 것이라면 얼마나 허황된 것일까? 그리고 그것이 틀림없이 역사적 고적이나 풍경에서 멈춘다면 얼마나 무의미한 것일까? 나는 살아있는 사람들이 만든 이상한 또 다른 사회가 더 보고 싶은 것이다.

여행은 나에게 집을 그립게 하는 마음을 주기 때문에 떠나고 싶다. 오고 싶기 때문에 간다는 것은 확실히 아이러니컬한 이야기다.

집을 등지고 떠나 점점 멀어지면 언젠가 벌써 집에 가까이 오고 있다. 결국 둥근 땅 위에서 사는 인간이란 타고 나면서부터 영원히 집을 버릴 수 없는 숙명을 가진 것일까? 여행자란 돌아갈 곳이 있기 때문에 그곳이 아름답고 신기한 것. 길고 먼 여행에서 지쳐 집을 찾아가는 마음을 가진다는 것은 여행자만이 가질 수 있는 기쁨일 것으로 생각된다.

다시 돌아갈 수 없는 여행자를 생각할 수 있을까? 내가 여행을 떠나고 싶은 마음은 이러한 것들의 엉켜진 심리일지도 모른다.

계절이 바뀔 때마다 나의 여행지는 달라지고 그곳에서 겪을 일들이 달라진다. 여행은 나에게 무한한 상상을 낳게 한다.

(1972)

북어

시장에 가서 북어 한 쾌를 샀다.

건어물 가게에 가면 으레 북어쾌 싸놓은 곳에 눈이 가곤 하지만 값이 비싸서 손으로 한번 만지작거리는 정도지 쉽사리 사질 못한다.

내가 어려서는 밥상에 북어반찬이 자주 올랐었다. 어머니가 늘 뻬쩍 마른 북어를 한 손에 쥐고 장도리로 두들기시던 모습을 볼 수 있었는데 요즈음 나는 나의 아이들에게 그런 모습을 보여주지 못하는 게 안 됐다는 생각이다.

사실 북어에는 별 독특한 맛이 있는 것은 아니다. 그저 슴슴하고 빡빡할 뿐. 그러면서도 그토록 좋은 이유가 무엇인지 모르겠다. 참기름으로 무친 고수하고 달콤한 북어무침을 내가 좋아해서 어머니가 늘 도시락 반찬으로 담아 주시곤 했는데,

나이가 들면서 지금은 복어 대가리를 넣고 끓인 우거지 토장국이 그렇게 맛이 있을 수가 없다.

그런데 예전에 그토록 흔하던 북어가 요즘에는 어쩐 일인지 귀해지고 값이 비싸져서 쇠고기 먹기보다 어려워졌으니….

나는 북어를 살 때면 으레 눈알이 제대로 붙어있나 없나를 확인하는 버릇이 있다. 어렸을 때 어머니가 사 오신 북어에는 눈알이 없었기 때문이다. 옛날부터 알고 있는 나의 상식은 북어 눈알에는 비타민A가 많이 함유되어 있다는 것. 그래서 그 때, 전쟁이 한참 심했던 일제말기 때 북어 눈알을 전부 빼서 일선장명에게 보냈다든가? 그런 이야기를 어른들이 말하는 것을 들었다. 그 때 나는 생선눈알을 입 속에서 동굴거리며 먹는 것을 좋아했다. 거기에는 아주 독특한 고소한 맛이 있었다. 그래서 눈알이 없는 북어를 어머니가 사 오시는 것이 언제나 실망스러웠다. 나이를 먹은 요즘도 버릇같이 북어 머리에 눈알이 있는가를 확인하는 것은 그 때문이다.

북어에는 이런 기억도 있다.

다듬이 방망이로 두들기다가 어머니께 야단을 맞은 정덕이란 계집애 생각—. 딱딱한 북어에 다듬이 방망이가 얽으면 비단 빨래 다듬이질 할 때 못쓰게 된다고 절대로 쓰지 못하게 하는 대도 매번 장도리 대신 다듬이 방망이로 북어를 두들기고는 야단을 맞던 계집애였다.

제사상에 북어가 반듯이 올라야 하고, 고사 지낼 때도 북어가 없으면 안 되는 이유는 무엇일까…. 때로는 이런 것도 생각해 본다. 그것도 날 북어를 통 체로 올려놓는 이유를…?

언젠가 집짓는 상량식에서 고사지내는 것이 끝나니까 일꾼들이 얼핏 북어를 집더니 쭈욱 쭈욱 북어 살을 찢어먹으며 만족 해 하는 모습이 무척 소박한 정서로 느껴졌던 기억이 있다. 그러고 보니 우리 집에서도 제사를 지낸 후면 으레 남편이 제사상에 올랐던 북어를 제일 먼저 들고 찢어 먹는다. 제사나 고사 상에 삐쩍 마른 날 북어를 올려놓는 이유를, 그래서 나는 정확히 모르는 대로, 그저 한국인의 소박한 정서에 그 뜻을 두고 있다.

결혼 전, 그이가 맨 처음 나의 집에 찾아왔을 때 밥상에 오른 북어구이를 어찌나 잘 먹는 지 지금도 친정에 가면 사위 상엔 북어구이가 빠지지 않고 오른다. 시집온 후 그이에 의해 달라진 나의 식성 중에 하나가 바로 그 북어구이를 좋아하게 되었다는 것. 그리고 아이들도 아빠를 따라 무척 좋아해서 북어를 사러 일부러 시장에 가는 일을 즐긴다.

오래간만에 북어를 사들고 집에 오는 마음은 그래서 기뻤다.

(1973)

행운은 항상 나에게

　전공이 약학이어서 만일 계획적인 일을 시작하였더라면 약과 관계있는 일을 하였을 것 같은 생각이지만 구태여 주부 이외의 일을 해야 할 필요도 없고 또 그것을 원하지도 않고 하여 일이란 것을 생각해 본 적은 별로 없었다.
　그러나 나는 항상 내 인생에 대하여 무엇인가를 해야겠다는 생각을 줄곧 하여 왔었기 때문에 주변에서 하고 있는 일들에 대하여 관심이 많았다. 이제까지의 나의 행적을 돌이켜 생각해 보면 대개가 즉흥적이고 별로 아는 것이 적은 일에 뛰어들어 용케도 그것을 극복해 온, 말하자면 행운이 나와 더불어 있어 준 그런 여인이었던 것 같다.
　20년 전, 처음 방송패널로 관계했을 때만 하여도 아마추어였고, 지금 내가 하고 있는 미싱자수학원만 하드라도 이런 것에 대해서 완전 백지인 그런 입장에서 시작한 것이었다.

앞에서도 말했지만 나에겐 놀랄만한 용기가 있는 것이 아닌가 하고 생각하는 때가 있다. 일단 일을 저질러 놓고 그 다음에 수습을 하는 이런 형의 인간이라고 나는 자 자신을 그렇게 평가하고 있다.

사실 일일이 재고 따지고 하면 어떤 일이든 결함이 있고 꼭 된다는 승산이 나오지 않는다. 그쯤이란 범주만 알면 노력 여하에 따라 승패 가 나는 것이 아닐까. 그러나 용기와 노력만으로도 해결되지 않는, 주부이기 때문에 겪어야 할 고충이 없었던 것도 아니다.

시아버지 제삿날 텔레비전 방송에 출연해야 했기 때문에 집에 모인 친척들을 맏며느리인 내가 돌아갈 때까지 기다리게 해야 했던 일, 학원실태조사를 하러 온다는 시간에 갑자기 집에서 아이가 아프다는 급한 전화를 받고 한참동안 이러지도 저러지도 못하고 가슴만 태우다가 결국 조사위원들에게 결례를 해야 했던 일등…. 한 가정의 주부로서 그리고 여러 아이들의 어머니로서 그 책임과 의무를 다하지 못하는 것 같아 고민스러웠던 일들은 수없이 있었다.

이런 것들은 그나마 주부이기 때문에 제한을 받아야 하는 시간을 금보다도 더 귀하게 아껴 씀으로서 어느 정도 극복할 수 있었고 그리고 무엇보다도 남편과 아이들로부터 이해를 받고 협력을 얻을 수 있다는 것이, 내가 저질러 놓은 어떤 일에 대해서 더욱 그 책임과 노력을 아끼지 않게 되는 가장 큰 힘이 되어 주었다.

물론 지금 내가 하고 있는 일이 잘 된다든지 꼭 옳다는 얘기는 아니다. 다만 그 일에 손댈 수 있는 용기가 벌써 그 일의 승패의 반을 결정한다고 생각한다는 것이다.

아무리 황금이 쏟아지는 광맥을 얻었어도 그것을 파는 노력을 아끼면 그 금을 얻을 수 없는 것과 마찬가지로 또 처음부터 광맥이란 보이는 것이 아님으로 이쯤 있을 것 같은 곳을 정하여 우선 괭이를 들고 파야 된다고 생각하는 것이다.

(1973)

왕과 나

 제목을 「왕과 나」로 붙이니까 마치 율 브리너 주연 영화의 제목과 같습니다만 나는 일부러 이처럼 붙였습니다.
 나는 며칠 계속하여 따분한 브뤼셀에서 열린 국제도서박람회장 속에서 가난한 우리나라 도서를 챙겨 놓고 있었던 어느 날, 국왕이 온다고들 장내가 법석댔습니다. 그러고 보니 그 전전날 왕비가 다녀간 일이 있습니다.
 한참 있으니까 아마 궁정 의전담당자인 듯싶은 중년 신사가 나한테로 와서 내가 말할 수 있는 외국어를 묻는 것이었습니다. 나한테만이 아니라 그는 각 나라 전시장마다 돌아다니며 그곳에 나와 있는 각국 사람들에게 그와 똑같이 묻고 돌아다니는 것이었습니다.
 어려서 동화책에서나 왕의 이야기를 읽었었고 그리고 서양

영화에서 왕과 인사하는 장면을 보긴 했어도 막상 내가 한 나라의 국왕과 인사를 하게 된다는 생각을 하니까 실로 떨리는 일이어서 그 동안 몇 번을 화장실로 가서 얼굴을 매만지고 손을 씻었는지 모릅니다. 그리고 왕과 악수를 할 때 무어라 인사를 할 것인가를 긴장되어 있는 머릿속으로 생각하기에 바빴습니다.

한 손으로 왕의 손을 잡고 나머지 손으로 치맛자락을 추켜쥐며 살짝 무릎을 꾸부리는…, 그러면서 '유어 메쥐스티!' 하고 인사하는 영화 속의 장면도 머릿속에 떠올렸습니다.

나는 얼핏 박람회장 리셉셔니스트 아가씨에게로 가서 왕에게 인사할 때 무어라고 해야 하느냐고 물었습니다. 돌연한 나의 질문에 그 아가씨는 자기도 왕과 한 번도 인사해 본 일이 없어서 모른다는 것이었습니다.

어쨌든 '유어 메쥐스티'라는 존칭을 붙여야 할 게 아니냐는, 내가 이미 생각하고 있었던 정도의 대답만을 얻고 자리에 돌아왔습니다. 나는 말끝에 붙여야 할 '유어 메쥐스티'란 존칭을 자연스럽게 해야겠다는 생각에 '유어 메쥐스티', '유어 메쥐스티'…, 하고 상냥한 표정을 지어 보며 입속으로 연습을 하였습니다.

한참 있다가 많은 시종관을 거느린 젊은 국왕 보두앵이 우리 전시장 앞에 와 섰습니다. 그리고 아까 다녀갔던 그분이 보두앵 왕에게 영어로 '코리아'에서 온 나를 소개하였습니다.

보두앵 왕이 손을 내밀었을 때, 나는 왕이 무어라고 말을 했는지 안 했는지는 생각이 안 나고, 그저 미리 생각해 뒀던 "만나 뵙게 된 것을 최상의 영광으로 생각합니다. 폐하!" 이렇게 말하였습니다.

그러나 실상은 '폐하'(유허 메쥐스티)란 말이 그렇게 자연스럽게 이어진 것은 아니었습니다. 말을 다 해 놓곤 깜빡 잊었다가 마치 루주를 입술에 맞춰 칠하지 않고 약간 빗나가서 또 하나의 입술을 그려 놓은 것 모양, 뒤늦게 "유어 메쥐스티!" 하였습니다. 얼마나 내가 긴장을 하고 있었던지ㅡ.

국왕은 유창한 영어로 나에게 묻는 것이었습니다. "코리아에선 이번이 처음 참가한 것이지요?" "당신이 쓴 책도 가지고 왔습니까?" "어떤 내용입니까?" "한국어를 읽을 줄 안다면 한 권 사고 싶군요."

시종 똑같은 미소와 친절한 물음과 대답. 나는 한참 말하는 동안 어느새 그가 국왕이란 감정보다 귀품 있는 서민을 대하는 그런 느낌이었습니다. 그의 나이는 약 사십 정도의 단정한 미모였습니다만 그의 얼굴엔 어딘가 무사(武士)다운 위풍도 엿보였습니다.

나는 여행 중에 필요할지 몰라서 몇 개의 선물을 준비하고 있었습니다. 그것은 조그마한 놋으로 된 페이퍼나이프였습니다. 물론 거기엔 'KOREA'라는 글자가 새겨져있습니다. 나는 늘 이것을 손가방 속에 준비하고 있었던 터라, 사전에 그의 시종관에게 내가 왕에게 선물을 줘도 괜찮겠는가고 물었더니, '아마 괜찮을 테지만 당신이 왕께 한번 물어보는 것이 좋겠다.'는 것이었습니다.

나는 그의 말대로 국왕에게, '선물을 드리면 받아 주실 것인가'고 물었습니다. 국왕은 아주 기쁜 표정으로 고맙다는 것이었습니다. 나는 나의 선물이 갑작스런 것이라는 변명을 하면서 색동 포장의 페이퍼나이프를 국왕에게 주었습니다.

국왕은 포장을 풀어 보면서, 그 놋으로 된 종이칼에 관심있다는 표정을 아끼지 않았습니다. 나는 국왕의 그런 표정이 의례적인 것인 줄 알면서도 그렇게 부드럽고 멋진 미소로 연방 나의 말에 응답해 주는 것이 매우 기뻤습니다. 문득 구라파의 정말 신사란 이런 형태의 분이거니 하고 그 긴장된 시간 속에서도 생각하였습니다. 그런 것 이외엔 평범한 양복의 이 중년 신사에게서 사전 지식도 없고 왕에 대한 교양도 지니지 못한 한국의 서민인 내가 어떻게 더 이상의 것을 찾아낼 수가 있겠습니까?

어떻든 그는 긴 시간을 우리 전시장에서 보냈으며 그 사실은 국왕이 떠난 후 그곳에 온 많은 손님들이 우리 전시장에 몰려와 "왕이 당신에게 무슨 얘기를 그렇게 오래했느냐"고 묻는 것으로 짐작할 수 있었습니다.

그 이틀 후, 우리 한국 대표 두 명은 그 국왕과 왕비가 초청하는 왕궁 파티에 갔습니다. 사실 이 파티의 초청장이 직접 우리의 손에 주어진 것은 아니었으나 도서박람회에 참가한 각국 대표들이면 참석하게 되었다는 말만으로 우리는 궁정(宮廷)으로 갔었던 것입니다. 그러나 영화에서 보는 그런 요란하게 차린 근위병에서부터 긴 궁정 대리석 복도에서 정중하게 손님을 맞는 고령의 시종들까지, 초청장을 갖지 않은 우리를 쉽게 통과시킬 리가 없었습니다. 나는 화려한 우리의 고유의상을 입고 당당한 태도로, 또 그들은 한결같이 불어를 할 뿐 영어를 몰랐기 때문에 차라리 구구한 변명 없이 그대로 궁정 속으로 걸어들어 갈 수 있었습니다.

그러나 결국 마지막 관문에서 걸렸습니다. 나는 시간 때문에 아마 우리 공관에 와 있을 초청장을 지참치 못했다는 말을 했더니, 그들은 물론 나의 말을 알아듣진 못하고 우리를 그대로 세워 놓고 연회장 속에 들어가 얼마 만에 돌아와서 우리를 입장시켰습니다. 어린애 같은 생각인지 몰라도 밖에서 기다리는 동안, 아마 국왕에게 '코리아'의 대표가 왔다면 즉시 들여보내라고 할 것이다―, 라는 생각을 하며 꽤나 자신을 가졌었는데 그런 신념이 어째서 생겼는지는 나도 모를 일입니다.

과연 국왕의 연회장은 아름다웠습니다. 즐비한 조각과 샹들리에며, 붉은 카펫이며, 상상했던 이상의 엄숙한 분위기며가 한국 여성인 나를 긴장케 하였습니다. 그 속에서도 나의 한국 의상은 눈에 띄었습니다. 아마 그래서였겠지요. 그곳에서도 의전 담당관인 듯한, 나이가 좀 든 사람이 나를 국왕에게 소개를 할 때 국왕은 우리는 이미 오래 전부터 알고 있는 사이라는 표정을 지으며 '그 동안 잘 있었느냐'는 물음과 함께 '당신이 준 선물 무척 고맙다'는 인사를 다시 한 번 하는 것이었습니다. 인형같이 귀엽고 아름답게 생긴 파비올라 왕비도 같이 있었습니다만 여기선 보두앵 왕의 얘기만 하겠습니다.

국왕은 정말 여러 나라 말을 구사하는 것 같았습니다. 그것이 물론 그렇게 멋지게 느껴졌고 더욱 인상적인 것은 국왕이 다른 사람과 이야기하면서, 간혹 멀리 있는 우리와 눈이 마주치면 자기가 이곳을 보고 있다는 사인을 연방 보내 주었는데 그 방법이며 동작이 이쪽만 알 수 있게 하는 그런 익숙하고도 멋져 보이는 연기에는 그만 놀랐습니다.

국왕이 퇴장하는 것을 기다려 우리도 밖으로 나왔습니다. 밖은 조금 어둑어둑한 편이었는데 국왕의 자동차가 마침 통과하였습니다. 그 순간 어찌나 그렇게도 반가웠는지 손을 높이 들고 흔들었습니다. 국왕도 우리를 보고 거의 동시에 손을 흔들며 반가워하였으며 자동차가 멀리 보이지 않을 때까지 뒤를 돌아보며 손을 흔드는 그런 신사였습니다.

나는 그 후 계속 그 국왕 태도며 말에 대하여 생각해 보았습니다. 역시 어느 누구도 따를 수 없는 왕이었다는 것을 자꾸만 깨닫게 되는 것 같았습니다. 그것은 지금까지, 틀에 박힌 형식에 대해서 지루하고 인간미가 없다고 생각했던 그릇된 생각을 깨끗이 고쳐 준 것 같았습니다.

인간이 만든 형식. 그것도 왕들의 몸에 밴 그 형식이란 그리도 아름답고 지루함을 주지 않는 것이란 것을-. 왕에게서 풍부한 내용을 느끼게 된 것은 한마디로 세련된 그의 완벽한 형식이었습니다.

나는 지금까지 소탈하고 형식적이 아닌 것에 다정함을 느꼈습니다만, 오랜 형식의 새로움과, 그리고 형식만이 갖는 권위에 반할 줄도 알게 되었습니다.

(1972)

플라멩코와 스페인
―마드리드에서

 Q씨. 마드리드의 좁은 골목길에 들어설 때마다 나는 문득 이상한 전율감(戰慄感)에 사로잡히곤 하였습니다. 문화영화나 관광포스터에서 본 그 검은 투우 떼가 나를 향해 달려올 것 같아서였습니다.

 영화에서 소 떼에 쫓겨 도망치는 사람들의 모습은 그렇게도 흥겨웠는데 지금은 그렇지가 않습니다. 영화에선 늘 2층 베란다의 안전지대에서 구경시켜 주지만 지금 내가 걷고 있는 골목길은 완전히 무방비 상태여서 말입니다. 웃으실 테지만 애들의 뛰어오는 소리에도 얼핏 뒤돌아보곤 한답니다.

 그러나 Q씨. 나는 스페인에서 투우 구경을 할 생각을 하지는 않습니다. 그래서 지금 이곳에서 투우를 하는지 않는지, 전혀 알려고 하지를 않습니다. 항상 약한 소 쪽이 죽어가고, 죽인

쪽이 환호를 받는 그런 잔인한 '쇼'가 싫어서입니다. 그런 것은 기록영화로도 너무나 충분합니다.

비겁하게도 사람들이 정면 대결은 하지 않고, 쫓기면서 상대에게 약을 올리는 싸움! 그래서 지쳐 버리는 검은 소의 두 눈, 나는 늘 그 두 눈동자가 슬펐습니다. 투우사(鬪牛士)의 예리한 비수가 자기의 심장을 겨누고 서 있는 것도 피할 수가 없이 지쳐 버린 소의 모습, 그런 것을 목격할 용기는 없습니다. 혹, '카르멘'이란 여자를 내가 좋아하고 있다면 그것은 나에게 없는 이런 독성에 대한 향수 때문 일는지는 모르지요. 잔인해서 싫다고는 하면서 그림엽서는 마음껏 투우장의 광경이 있는 것을 골랐습니다. 사람이란 이렇게 간교한 데가 있군요.

Q씨. 구라파에서 오래간만에 맑고 갠 날을 맞이했습니다. 검은 빛깔의 옷만을 상상했던 것과는 달리 이곳 여인들은 아주 밝은 원색의 옷들을 입고 있었습니다. 그런데 이 스페인이 낯선 느낌이 들지 않는 것이 이상합니다. 그래서 그 사고(思考)의 출처가 어딘지 더듬어 보았습니다.

그렇군요. 그것은 고 안익태(安益泰) 선생 때문인 것이 확실합니다. 이번 여행에서 이곳을 들르려고 처음부터 계획했던 이유의 하나도 그 때문이었습니다. 국교가 어떻다니 친교가 어떻다니 하는 정치적인 힘보다 개인 한 사람의 힘이 이렇듯 위대함에 세삼 감격과 다행함을 느낍니다. 특히 피의 연결이 이처럼 스페인에 대해 다정한 감정을 갖게 하는 것에도 놀라움을 느낍니다.

　Q씨. 나는 여기서 안익태 선생의 막내딸, 레오놀 안(安) 양의 이야기는 다시 하지 않기로 하겠습니다. 그것은 이미 우리의 신문에 실렸던 이야기니까요. 그저 나는 먼 나라에 찾아와, 외모는 다르나 그 아버지가 한국인이란 그 하나의 사실만으로 느껴지는 애정—, 그 진한 사랑의 감정을 느꼈던 신비함을 잊을 수 없다는 것을 이야기하고 싶습니다.

　이곳에서 만난 미스 김 이야기도 해야겠습니다. 능통한 스페인 말을 하는 마음씨 고운 아가씨였습니다. 아르헨티나 이민(移民)에서 이곳으로 옮겨 왔다는 그의 가족은 오빠가 이곳에서 태권도 도장을 가지고 있었습니다. 그들의 도장까지 나는 따라 갔었지요. 우리 대사관에서 얼마 멀지 않은 곳에 있는 2층인가, 3층인 빌딩이었는데 그것이 그들 건물이라는군요.

　'김 도장(道場)'이라고 크게 씌어져 있는 도장 안에는 태극기가 자랑스럽게 걸려 있었습니다. 모든 구호나 명칭이 우리말이었다는 것도 물론 가슴 설레는 일이었지만 얼굴이 다른 그 나라 청년이, 별로 체구가 크지 않은 미스 김의 오빠 앞에서 수강 신청을 하고 있는 모습을 보았을 때 왜 그렇게 기분이 유쾌했는지 모릅니다. 이런 광경은 어느 나라에나 있는 우리 태권도 도장의 공통적인 풍경일 것입니다. 그러나 내가 여기서 새삼스럽게 느낀 것은 인격이 갖춰진 성실한 한국 남자는 외국인 남자 속에서도 그렇게 뛰어나 보인다는 사실이었습니다. 그래서 공연히 한국말로 하는 그 구호나 호칭들이 미안하고 고맙다는 차원을 넘어 당연하다는 생각이 들게까지 된 사실입니다.

에스파냐 광장의 '돈키호테' 동상도 일부러 보러 갔었습니다. 정말은 아니면서 소설의 주인공이었다는 사실만으로 정말로 있었던 일인 양 동상까지 세우고 하는 일-, 나는 이런 것을 직접 목격하기 전에는 우스꽝스럽게 생각했었지만 정작 그 앞에 서니까 세르반테스의 그 '돈키호테'와 그리고 그의 충실한 부하, '산초'의 이야기가 그리도 의미 있게 떠오를 수가 없었습니다.

역시 작가란 위대한 힘을 가졌다는 것을 실감합니다. 실존하지 않아도 그것은 하등에 관계할 것은 못 되는군요. 그들은 말과 당나귀를 타고 당당히 우리를 내려다보고 있었습니다. 우리도 소설 속의 인물을 이렇게 구체적으로 형상화시키고 싶다는 생각을 했습니다.

말하자면, 《렌의 애가(哀歌)》의 렌을, 또는 《상록수(常綠樹)》의 채영신과 박동혁 같은 인물을 말입니다. 이 같은 사랑의 참다움을 아는 한국인의 상을 나는 서울 네거리 한 모퉁이에 세워도 괜찮을 거라고 생각했습니다.

사실 우리의 시인이나 소설가들이 너무도 외국에 알려져 있지 않은 것이 안타깝습니다. 국내에선 유명 시인이고 소설가인데 일단 김포공항을 뜨면 그것은 잡화상회 주인인지, 마차 끄는 아저씨인지 몰라주거든요. 왜 그렇죠? 우리는 너무나도 우리 스스로를 알려줄 줄 모르고 있습니다. 그러면서 남의 나라 것을 알기에는 지나친 성의를 베풀고 있는 것 같습니다.

나는 이미 다 잊은 그 '돈키호테' 앞에서, "아! 정말, 나는 스페인보다 돈키호테를 더 먼저 알았었지…. 그리고 앞으로도 역시 돈키호테는 스페인보다 더 똑똑히 기억에 남을 거야 – " 이런 이야기를 혼자 지껄였습니다.

스페인까지 와서 플라멩코를 구경하지 않고 돌아갈 수 있겠습니까? 나는 미스 김에게 부탁해서 플라멩코 춤을 볼 수 있는 곳을 안내 받았습니다. 그런데 이런 곳에 여자 둘이서만 간다는 것은 구라파 사회에선 자칫 우리를 보는 눈이 다를 수도 있겠지만 여행하면서 매번 그런 것까지 신경 쓸 순 없는 일이지요.

플라멩코 전문집의 맥주 값은 어지간히 비쌌습니다. 아마도 테이블 차지가 포함되어서였겠지요. 우리는 맨 앞자리에 앉았습니다. 앞에 앉으면 춤추기 위해 순번을 기다리고 앉아 있는 무희(舞姬)들과 마주 앉게 되어 그들의 얼굴을 똑똑히 볼 수 있어서였습니다. 그들은 프릴이 가득 달린 긴 드레스를 차려입고, 까만 머리에는 정열적인 붉은 꽃을 달고 있었습니다. 이왕 돈 내고 들어온 것, 또 보이기 위해 죽치고 앉아 있는 무희들 – , 그래서 아주 뚫어지게 봐 주었지요. 내가 사람들을 이렇게 쳐다보기는 처음인 것 같았습니다. 정말 잘 생겼더군요. 아니 매력적이랄까요? 그렇군요. 요염하다는 표현이 낫겠군요. 그토록 모두들 예쁘고 정열적으로 생겨서 남자가 아니더라도 반할 것 같았습니다.

Q씨. 용서하세요. 이런 얘기를 늘어놓고 있는 것을-. 여자란 모두 이런 젊음 앞에서는 무력해집니다. 한때 활짝 피면 그만인 그 젊음까지가 전부인 거니까요. 그 다음부터는 지금 내가 하듯 이렇게 멀찌감치 물러 앉아 그때를 찬양하고 멋대로 의미를 붙여 보는 통속녀(通俗女)로 변하는 거죠.

춤은 계속되었습니다. 앞에 앉은 무희들이 한 사람씩 순번대로 무대 한가운데로 나와 솔로 춤을 추었습니다. 뒷굽 높은 구두로 강한 발 박자를 내며, 동시에 손뼉과 캐스터네츠의 열정적인 리듬과 함께 춤을 추었습니다. 나는 그 열띤 춤과 호흡에 가슴이 두근거렸습니다. 춤 감상은 차라리 뒷좌석이 좋았을지 모른다는 생각이 들 정도였으니까요. 더욱이 춤추는 무희 곁에서 흥을 돋구며 뭐라고 소리를 지르는 남자 무용수들의 기성(奇聲)-. 과연, 플라멩코의 본고장에 왔다는 실감이 드는 그런 뜨거운 분위기여서 여행자인 나에게 한결 충족감을 느끼게 했습니다.

Q씨. 나는 춤을 출 때는 으레 웃는 것인 줄 알았는데 플라멩코 춤을 추는 아가씨들은 웃질 않더군요. 우리 한국 춤에서 나는 그렇게 교육 받았는데 플라멩코 춤은 얼굴 양미간에 주름이 길게 파이도록 슬픈 표정을 지으며 춤을 추는 게 아니겠어요. 너무도 인상적이었습니다. 하나하나의 춤 동작이 그렇게

힘들게 보일 수 없었습니다. 아니, 금방이라도 울음을 터뜨릴 것 같은 표정이어서 우리의 춤과는 너무도 대조적이고 너무도 진지한 느낌이었습니다.

나는 옆에 앉은 미스 김에게 남자 무용수들이 지르는 저 소리가 도대체 무슨 뜻이냐고 물었습니다.

"죽도록 사랑한다!" "나를 버리지 말아다오!" "나에게 키스를!…" 대강 이런 뜻의 말이라는 것이었습니다. 그제야 알 것 같았습니다. 흥겨워 추는 춤이 아니고 사랑을 전제로 하고 추는 춤이니까 그럴 테죠. 소름이 끼치도록 흠뻑 젖어드는 구경이었습니다. 갑자기 나는, 아무도 날 말릴 사람이 없었다면 한바탕 춤이라도 춰 봤으면 하는 충동을 느꼈습니다. 무대 위의 남녀 무용수들이 아직도 춤의 순서를 기다리고 있는 것을 보면서 우리는 자리에서 일어났습니다. (1972)

안소니 퀸의 춤과 '그리스인 조르바'
-그리스, 미코노스섬에서

오늘 아침은 서두르지 않아도 된다. 배에서 내리는 시간이 낮 12시. 이른 점심을 배에서 먹고 하선하기로 되어있다.

미코노스는 그리스의 섬 중에서 가장 먼저 국제적인 관광지로 알려진, 에게 해의 대표적이 섬이란다. 이번 지중해 크루즈 기항지에 미코노스 섬이 빠져있었던들 내가 그토록 이 여행에 매력을 느꼈을까. 에게 해에 깔려있는 많은 그리스의 섬들, 크레타, 산도리니, 딜로스, 미코노스 등, 그리스의 신들이 탄생하고, 사랑과 질투의 신화로 가득한 그런 곳이기에 꼭 한 번 이런 섬에 가보고 싶었다.

"미코노스는 흰 돌이라는 뜻입니다. 헬라크로스 거인과 싸워서 흰 돌로 변했다는 신화의 섬입니다." 아테네에서 우리를 안내했던, 애교 있는 목소리의 여성가이드. 그녀가 우리를 또 안내하기 위해서 오늘 아침에 비행기로 이곳까지 날아왔단다. 두 번을 만나니까 벌써 정이 들었는지 반갑다.

남빛 바닷물에 파란 하늘. 붉은 빛 바위산을 새하얗게 덮은 집들. 새하얀 집들을 배경으로 빨간 부겐베리아 꽃이 카르멘같은 정열로 피어있다. 내가 기대했던 그리스의 섬은 그림엽서에서 본 그대로였다.

"미코노스는 나체해수욕장이 있는 섬으로 유명합니다. 발가벗은 채로 해수욕을 하는 파라다이스 비치. 또 나체비치이면서 동성연애자들로 유명한 슈퍼파라다이스 비치가 있습니다. 반듯이 나체로 들어 가야만하는 것은 아니에요. 사람에 따라서 그 노출정도가 각양각색이랍니다. 이런 비치 때문에 10대와 20대 젊은이들이 이 섬을 아주 좋아한답니다. 물론 어른들도 좋아해서 이곳에 한 번 와보는 것이 그리스 사람들의 소원이라고 합니다." 가이드여인의 목소리는 여전히 애교를 품고 있었다.

섬의 길들은 무척 좁았다. 관광버스가 어렵게 뚫고 지나가는 길을 렌터 바이크를 탄 젊은이들이 여지없이 소리 내며 질주하고 있다.

이 섬의 상징이라는 5개의 풍차가 있는 바람 많은 언덕위에서 관광객들은 사진을 찍기에 바쁘다. 옥수수를 찧던 풍차였는데 지금은 가동하지 않고 있단다. 리틀 베니스라고 불리는 해변에는 시푸드 레스토랑들이 관광객들로 자리가 없을 정도로 붐비고 있다. 그런 바닷가를 지나 가이드여인이 우리를 좁은 골목길 동네로 안내하였다. 골목길은 두 사람이 지나가기가 힘들다. 골목 안의 집들도 모두가 흰색. 벽에 스치면 옷자락에 흰 가루가 묻을 것만 같은, 그런 새하얀 골목 안은 민속품 상점들이 알록달록한 수공예품들을 벽에 걸어놓고 관광객들의 발길을 잡고 있다.

"저를 꼭 딸아 오세요. 골목이 미로 같아서 길을 잃어버리면 찾아 나가기가 힘듭니다." 가이드여인은 그렇게 위협을 하고는 다시 안심을 시킨다. "그렇지만 염려하진 마세요. 골목길을 따라가다 보면 마침내 처음 들어간 길로 나오게 되어 있습니다." 그 말을 듣고야 일행들은 골목 안에 있는 민속품가게들 안으로 흩어졌다.

"미코노스 섬에는 펠리컨 한마리가 살고 있습니다. 페드로라는 이름의 이 펠리컨은 섬사람들의 인기 독차지이지요. 100년 전에 우연히 1마리가 날아왔는데 섬사람들이 짝을 맺어줘서 현제 3대 째인데 한 마리가 교통사고로 죽었답니다." 그래서 지금은 한 마리만 있다고 한다. 페드로는 보통 때는 나타나지 않다가 배가 고프면 식당 앞에 나타나서 고기를 줄 때까지 가지 않고 기다리면서 손님들도 들어가지 못하게 한단다. 그 페드로를 식당 앞에서 내가 운 좋게 만나서 사진까지 찍었다. 미코노스 섬에 온 관광객 모두가 만날 수 있는 것은 아니라는데 말이다.

파란 지붕의 센트 니코라스교회를 포함해 미코노스 섬에는 3백 개 이상의 교회가 있다고 했다. 교회가 많다고 해서 섬사람들이 주일마다 교회에 가는 것이 아니고 일생에 세 번밖에 가지 않는단다. 태어나서 한번, 결혼식 때 한 번, 그리고 죽어서 장례식 때에 간다는 것. 그런 설명을 듣고 있는데 교회의 종소리가 들렸다. 아름다운 교회의 종소리. 이 소리를 듣는 것만으로 섬사람들은 하나님의 은총을 받는다고 생각하고 있는지.

리틀 베니스가 보이는 언덕길 옆에 '조르바'라는 이름의 카페 레스토랑이 있었다. 이름이 마음에 들어서 그 앞에서 발걸음을 멈췄다. "여보, 우리 여기서 커피 한 잔 마시고 갈까요?" 마침 남편도 아까부터 커피 이야기를 꺼내고 있던 참이었다.

빨간 티셔츠에 흰 머플러를 길게 목에 늘어트린, 건강미 넘치는 젊은 여성이 앉아있는 커다란 테이블이 마음에 들어서 남편과 나는 그곳에 함께 앉았다. 젊은 여성 옆에는 썬 글라스를 쓴 두 남자가 앉아있었다. 세 젊은이가 한가롭게 앉아있는 모습이 현지 사람 같이 느껴져서 나는 말을 건넸다.

"미코노스에 사세요?" 나는 빨간 셔츠의 여인에게 물었다. 여행 중에 그 고장 사람과 만나서 대화를 나눌 수 있는 것은 또 다른 즐거움이다.

"네. 나는 미코노스 섬에서 낳아서 이 미코노스 섬에서 자란 토박이 섬 주민이랍니다." 젊은 그녀는 미코노스 섬사람임을 자랑하듯 강조하고 있었다. 이름이 프란체스카라고 했다.

"미코노스 섬의 자랑이 무엇인지 이야기 좀 해주세요." 별 목적 없이 그냥 또 나는 물었다. 그녀와 대화를 더 좀 길게 나누고 싶어서였을 뿐.

"아름다운 비치와 좁은 골목, 그리고 사람들이 많다는 것이지요." 프란체스카는 미리 준비라도 하고 있었듯이 쉽게 이렇게 대답했다.

"사람들이 많다는 것이 자랑입니까?" 내가 물었다.

"그럼요. 장사가 잘 된다는 뜻이니까요." 그녀는 그냥 쉽게 대답하고 있는 것이 아니었다. 미코노스의 자랑이 무엇인지를 진정 알고 대답하는 것이었다.

"이집, 식당 이름이 '조르바'이군요. '그리스인 조르바'의 그 조르바인가요?" "그래요. 내가 지은 이름이에요. 부동산업을 내가 하고 있는데 남편의 친구가 식당을 한다고 해서 이 집을 구해주었거든요. 그리고 이름까지 지어주었죠. '조르바! 좋죠?"

프란체스카는 이 식당에서 바다가재 요리를 잘 해서 그것을 먹으러 온 것이라고 했다.

"작년 7월에 결혼을 해서 지금 임신 6개월이에요. 바다가재가 태아에게 무척 좋다고 하여서 일주일에 한 번씩 남편과 함께 와서 먹고 있어요." 그녀의 옆에 앉아있는 선 그라스의 남자가 남편이었다. 그녀는 결혼을 늦게 했기 때문에 뱃속의 아기에게 더 신경을 쓰고 있다는 것. 프란체스카의 목소리는 씩씩하고 당당하게 들렸다.

'그리스인 조르바' 영화를 보았어요?" 내가 프란체스카에게 물었다. "그럼요. 안소니 퀸의 춤추는 모습, 너무 좋아요." 나도 바로 그 춤 이야기를 하고 싶어서 물었는데 그녀가 먼저 말한 것이다. 프랑체스카는 거의 조르바 역으로 나온 안소니 퀸의 춤동작을 흉내라도 내듯이 두 손을 옆으로 올린다. 나도 따라서 흉내를 냈다. '그리스인 조르바'에 내가 홀딱 반해서 두 번을 이어서 본 것도 안소니 퀸의 춤추는 모습이 감동적이었기 때문이다. 바닷가 모래위에서의 그의 춤은 영혼까지도 녹일 것 같은, 그래서 잊을 수가 없는 장면이다.

그리스 신화의 번역자로 유명한 이윤기교수의, 니코스 카잔차키스의 소설 '그리스인 조르바'가 다시 번역되어 나온 것을 읽었다. 주인공 조르바가 내뱉는 말들이 어찌나 그렇게 가슴에 와 닿는지,

아버지가 남겨 놓은 광산을 다시 일으키기 위해서 크레타 섬을 찾아가는 그리스 계 영국인 젊은 작가, '나'가 부두에서 배를 기다리고 있는데, 광산에서 일하고 싶어 하는 조르바가 그에게 와서 말을 건넨다.

"여행하시오?" 그가 물었다. "어디로? 하느님의 섭리만 믿고 가시오?"

"크레타로 가는 길입니다. 왜 묻습니까?" "날 데려가시겠소?" "왜요?"… '왜요'가 없으면 아무 짓도 못 하는 건거요? 가령, 하

고 싶어 한다면 안 됩니까? 자, 날 데려가쇼. 요리사라고나 할까요. 당신이 들어 보지도 못한 수프, 생각해 보지도 못한 수프를 만들 줄 압니다." (영화에서는 앤소니 퀸이 이 야생마 같은 주인공 조르바 역으로 나온다.)

"그 보따리 속엔 무엇이 들어 있습니까? 먹을 것인가요?" "산투리(심발롬의 변형인 기타 비슷한 악기) 올시다."

"산투리? 산투리를 연주합니까?" "먹고 살기가 고될 때는 산투리를 연주하며 여인숙을 돌아다니기도 합니다. 마케도니아에서 전해지는 클레프트 산적의 옛 노래도 부릅니다. 그러고 나서 모자를 벗어 들고…. 바로 이 베레모 말이요. 한 바퀴 돌면 돈으로 가득 차는 게요." "이름을 여쭈어도 될까요?"

"알렉시스 조르바 …. 내가 껑다리인 데다 대가리가 납작 케이크처럼 생겨 먹어 〈빵집 가래삽〉이라고 부르는 친구들도 있지요."

"결혼은 하셨나요?" "나는 사내가 아닌가요? 나는 수컷도 아닌가요? 눈깔이 멀었지…. 나보다 먼저 살고 간 사람처럼 결혼을 하고는 내리막길을 걸었어요. 가장이 되고 새끼를 둘씩이나 까고 …. 하지만 산투리 덕분에 이렇게 …."

"근심걱정을 잊으려고 산투리를 치셨던 게로군요?" "이것보소. 산투리를 치려면 환경이 좋아야 해요. 마음이 깨끗해야 하는 거예요. 마누라가 한 마디로 되는 것을 열 마디 잔소리로 늘어놓는다면 무슨 기분으로 산투리를 치겠소? 새끼들이 배고

프다고 삑삑거리는데 산투리를 어떻게 치겠소? 산투리를 치려면 온갖 정성을 산투리에만 쏟아야 해요. 알아듣겠소?" … (작가, 카잔차키스는 조르바를 그가 오래도록 찾아다녔던 바로 그 사람이라고 했다. 살아있는 가슴과 커다랗고 푸짐한 언어를 쏟아 내는 입과 위대한 야성의 영혼을 가진 사나이, 아직 모태인 대지에서 탯줄이 떨어지지 않은 사나이라고 말한다.)

"조르바씨. 이야기는 끝났어요. 나와 같이 갑시다. 마침 크레타엔 갈탄광이 있어요. 당신은 인부들을 감독하면 될 겁니다. 밤이면 모래 위에 다리를 뻗고 앉아 먹고 마십시다. 그러다 심드렁해지면 당신은 산투리를 치고 …."

"기분 내키면 치겠지요. 내 말 듣고 있소? 마음 내키면 말이오. 당신이 바라는 만큼 일해 주겠고. 거기 가면 나는 당신 사람이니까. 하지만 산투리 말인데, 그건 달라요. 산투리는 짐승이요. 짐승에겐 자유가 있어야 해요. 제임베키코(소아시아 해안 지방에 거주하는 제임백 족의 춤), 하사피코(백정의 춤), 펜토잘리(크레타 전사의 춤)도 출 수 있소. 그러나 처음부터 분명히 말해 놓겠는데, 마음이 내켜야 해요. 분명히 해둡시다. 나한테 윽박지르면 그때는 끝장이에요. 결국 당신은 내가 인간이라는 걸 인정해야 한다, 이겁니다."

"인간이라니, 무슨 뜻이지요?" "자유라는 거지!" … (조르바가 물 위로 떠오르는 돌고래를 가리킬 때 그의 왼손 집게손가락이 반 이상 잘려 나간 걸 알았다.)

"손가락이 어떻게 된 겁니까. 조르바." "안 해 본 것이 없다고 했지 않았소? 한 때 도자기를 만들었지요. 그 놀음에 미쳤더랬어요. 흙덩이를 가지고 만들고 싶은 건 아무거나 만든다는 게 어떤 건지 아시오?" "손가락이 어떻게 되었느냐니까?" "참, 그게 녹로를 돌리는데 자꾸 걸리적거리더 란 말입니다. 이게 끼어들어 글쎄 내가 만들려던 걸 뭉개어 놓지 뭡니까. 그래서 손도끼를 들어…"

"결혼은 몇 번 했었나요. 조르바?" "이번엔 도대체 무얼 또 캐내고 싶은 겁니까? 나는 사람도 아닌 줄 아시오? … 몇 번 했는지 그걸 다 어떻게 계산합니까? 수탉이 장부를 가지고 다니며 한답니까?" (탄광을 일으키려고 한 젊은 작가는 더 이상 버틸 힘이 없었다.)

"조르바! 이리 와보세요! 춤 좀 가르쳐 주세요!" 조르바가 펄쩍 뛰어 일어났다. 그의 얼굴이 황홀하게 빛나고 있었다. "춤이라고요. 두목? 정말 춤이라고 했소? 야호! 이리 오소! 처음엔 제임베키코 춤을 가르쳐 드리지. 이건 아주 거친 군대식 춤이지요. 게릴라 노릇할 때, 출전하기 전에는 늘 이 춤을 추곤 했지요." 그는 구두와 자주색 양말을 벗었다. "두목, 내 발 잘 봐요. 잘 봐요!" 그는 발을 내뻗으며 발가락만으로 땅을 살짝 건드리더니 그다음 발을 세웠다. 두 발이 맹렬하게 헝클어지자 땅바닥에서는 북소리가 났다. …

둘이서 벌인 사업이 거덜 나던 날 그들은 해변에 마주 앉았다. 조르바는 숨이 막혔던지 벌떡 일어나서 춤을 춘다. 그는 중력에 저항이라도 하는 듯이 펄쩍펄쩍 뛰어오르면서 소리를 질렀다. "하느님, 작고하신 우리 사업을 보호하소서. 오, 마침내 거덜 났도다!" 바로 이 대목이 저 유명한 영화 '그리스인 조르바'에서 안소니 퀸이 해변에서 춤을 추는 장면이다. 그 장면의 감동이 미코노스섬에서 되살아난 것이다. 그리스 민속음악의 아버지인 미키스 테오도라키스의 감미롭고도 애환이 담긴 선율 '그리스인 조르바'의 주제음악과 함께.

(2005)

4부

서울의 뒷골목
세 가시나이
호프만의 뱃노래
밤에만 놓은 십자수
비너스의 탄생
왕자와 공주
흰 눈과 미스터 오웰
나의 유치원 친구 백남준 이야기
눈물로 들은 그의 조국 찬가

서울의 뒷골목

 서울의 뒷길은 변화가 많아서 좋다. 바둑판처럼 도식적으로 구획한 미국의 거리나 개성 있는 건물에 어울리지 않게 갑자기 넓어진 신생국가의 거리와는 달리, 찾아들면 유서가 있고 변화가 있기 때문에 나는 빨리 가야 될 일이 없으면 일부러 이런 골목길을 찾아 걷는다.

 낯선 골목의 끝이 대체 어딜까 하는 호기심은 다른 어떤 것에도 비할 수 없이 흥미롭다. 이런 나의 습관은 외국에 갔을 때도 작용되곤 한다.

 말하자면 일부러 뒷거리를 택하는 것이다. 뒷거리에서는 독특한 풍속과 인정을 목격할 수 있다는 것도 있지만 보다 강한 이국의 분위기 같은 것을 맛볼 수 있어서다.

 나의 잘 아는 벨기에 친구 중에 서울의 뒷거리에 매력을 느낀 사람이 있다. 그의 이유는 나와는 조금 다르다. 그는 골목길에 남아 있는 옛집을 찾아다니는 즐거움 때문이라고 하였다.

사실 나도 그렇다면 그렇다. 몇 년 전까지만 해도 동대문 밖에 놀랍게도 큰 대문의 옛집이 있어 차를 타고 지날 때마다 열려진 대문으로 큰 정원이 보이곤 하였다. 나의 어린 시절을 생각나게 하기도 하는 그 육중한 나무대문의 옛집이 언제부터인지 보이지 않는다.

골목길에 들어섰을 때 기대하게 되는 것은 서울의 잔영 같은 것을 찾을 수 있다는 것. 그것이 낡은 건물이면 나의 마음을 더욱 즐겁게 해준다. 그리고 길이 끊이지 않고 꼬불꼬불 연결되어서 마침내 내가 잘 알고 있는 엉뚱한 큰 번화가로 **빠져나**오는 일 역시 그런 기대와 연결되는 즐거운 일이다.

얼마 전 나는 인사동에서 승동 예배당, 붉은 건물 뒷길을 따라 YMCA쪽으로 빠져나오는 골목을 택한 일이 있다. 몇 십 년 만에 처음으로 향수와 같은 즐거움을 그 좁은 골목에서 맛 볼 수 있었다.

사실 내가 이 뒷골목을 와본 것은 초등학교 2, 3학년 때였다. 여관을 했던 친구 집이 거기에 있었다. 지금 그 길은 불록이 깔려있고 적은 상점들이 군데군데 있다는 것이 옛날과 다를 따름, 조용한 인상은 별로 다르지 않다.

나는 이상하게도 꼬부라지는 골목은 잘 기억나고 또 그런 골목안의 풍경은 오래 잊혀 지지가 않는다. 뒷골목 길가의 풍속이란 가난이라기보다 완고한 고집과 통하는 그런 풍경이라는 것이 옳을 것 같다. 뒷골목의 이 고집이 나는 좋다.

번창한 거리의 주인은 결국 경기에 따라 다른 데로 옮길 수 있다. 그러나 뒷골목을 지키는 사람들에겐 큰 바위에 붙어 떨어지지 않는 굴 껍질처럼 굳고 단단하여서 좋다.

먼 훗날에도 계속 서울의 뒷골목은 번잡을 피해 찾아드는 사람들에게 위안을 줄 것이다.

(1971)

세 가시나이

 생각나는 친구들 중에서도 나와 두 숙(淑)이는 무척 가까이 지냈던 친구였다. 둘 다 이름이 숙이여서 「큰 숙이」「작은 숙이」, 이렇게 불렀다. 큰 숙이와 작은 숙이는 모두 얼굴이 예쁘고 마음이 착했기 때문에 나는 그 애들을 좋아하였다.
 두 숙이와 나는 「가시나이」라는 말을 즐겨 썼다. 가시나이라는 경상도 사투리는 철부지 계집애들에게 구수한 정을 느끼게 하는 단어라는 생각에 우리는 서로를 「이 가시나이야!」, 「저 가시나이야!」하고 부르곤 하였다. 나는 가족들과는 헤어져 살 수 있어도 두 숙이와는 못 만나고 살 수가 없다고 생각하였다. 세 가시나이는 매일같이 붙어 다녔다.
 6·25가 터지자 나는 두 숙이와 매일 만날 수 없는 것이 안타까웠다. 어느 날 우리는 의논 끝에 함께 냉차장사를 하기로

하였다. 이렇게 하면 매일같이 만날 수도 있고 돈도 벌 수 있다는 생각에서였다. 6·25때 서울거리에는 냉차 장수들이 여간 많지 않았다. 우리 셋이 앞치마를 예쁘게 두르고 위생적으로 냉차를 만들어 판다면 모든 사람들이 우리 것을 사주리라는 생각이 들어서였다.

그러나 도저히 길거리에 서서 냉차를 팔 용기가 나지를 않아서 궁리 끝에 이번에는 찐빵장사를 하기로 하였다. 마침 나의 외할머니 댁 사랑채가 비어있었고 그곳은 행인이 많이 지나다니는 곳이기 때문에 그곳에서 찐빵장사를 하면 될 것 같았다.

나와 두 숙이는 우선 자본이 얼마가 드는지를 알기 위해서 시장 조사를 나가기로 하였다. 청계천 변을 따라 동대문까지의 시장 안에는 어디서들 그렇게 많이 나왔는지 헌 옷가지들을 산더미같이 쌓아놓고 팔고 있는 사람들로 붐볐다. 우리는 혼잡한 사람들 틈을 비비고 찐빵장사를 찾아 시장골목 안을 누볐다.

시장 안에는 튀긴 콩을 조그만 유리컵에 담아서 팔고 있는 아이들이며, 꽈배기 목판을 들고 다니는 계집애들, 그리고 수수전병을 부쳐 팔고 있는 아주머니들이 많았다. 우리는 이런 것들을 하나하나 관심 있게 들여다보면서 다녔다. 그러면서 이 많은 것들이 다 잘 팔리고 있는지가 궁금하였다.

두 숙이와 나는 꽈배기도 입속에 넣고 깨물면서 다녔고, 수

수전병도 길가에 앉아서 사 먹으며 맛을 보았다. 전에는 좀체로 입에 대지고 않았던 그 거무스름한 수수전병이 어찌나 맛이 있는지 맛을 본다는 이유로 또 사 먹고, 또 사먹곤 하였다. 그러는 동안 우리는 여러 번 찐빵 장사를 만났으나 재료값이 얼마가 든다든가, 하루에 얼마나 팔린다든가 하는 것을 끝내 물어보지 못하고 잔뜩 맛만 보고 돌아왔다. 그런 것을 물어볼 용기를 아무도 갖지 못했기 때문이다.

우리는 그냥 시작하기로 하였다. 남보다 좀 크고 먹음직스럽게 만들면 어째든 잘 팔릴 것 이 아닌가 하는 달콤한 계산을 했다. 재료를 살 돈이 준비가 안 되어서 우선 나의 외할머니댁 밀가루를 꾸어 쓰기로 하였다.

두 숙이와 나는 팔을 걷어 부치고 정성껏 밀가루 반죽을 하였는데 어찌된 일인지 찜통 속의 빵은 잘 부풀지가 않았다. 하는 수 없이 우리는 또 한 번 만들기로 하였다. 이번에는 어느 정도 제대로 된 것 같아 예쁜 쟁반에 보기 좋게 담아서 유리창문 앞에 놓았다. 그러다가 찐빵을 담은 쟁반을 되도록 지나가는 사람의 눈에 잘 띌 수 있도록 하기위해서 바깥쪽으로 내어 놓았다.

우리는 **찐빵**이 팔리기를 가슴을 두근거리면서 기다렸다. 창가를 지나가는 사람들 발소리가 들릴 때마다 혹시나 하는 생각에 나의 가슴은 설레었다. 그러나 얼마를 앉아 있어도 찐빵을 사겠다는 사람이 나타나지 않았다. 그러자 누군가 찐빵 한 개를 달라는 사람의 목소리가 들렸다. 나는 반가워서 얼른 빵 한 개를 집어 주었다. 빵을 집어주긴 했는데 빵 값을 받을 수가 없어서 두 숙이의 얼굴만을 번갈아 쳐다보며 돈을 받으라고 눈짓을 하였다. 두 숙이도 나와 똑 같은 심정이었던지 머뭇거리고만 있었다.

셋이서 그렇게 눈치만 보고 있는데 빵을 받아든 사람이 창 밑으로 얼굴을 들이밀었다. 작은 숙이의 오빠였다. 우리는 들켰구나, 하는 생각에 "핫, 핫, 핫하…하!" 하고 얼굴들을 마주 보며 웃었다.

"이 아가씨들아, 빵장사를 하려면 좀 똑똑히 들 해요! 유리 창 문 앞에다 빵 목판만 놓으면 누가 사가나? 빵장수 아가씨들의 예쁜 얼굴도 보여야지. 자 고만 집어치우고 돈은 내가 낼 테니 이 찐빵은 다 먹어 버리기로 하지."

두 숙이와 나는 얼굴이 빨개져서 창문 밖에 있는 찐빵 목판을 들여놓았다. 우리는 작은 숙이 오빠와 둘러앉아서 팔려고 만든 찐빵을 배가 부르도록 실컷 먹었다. 그렇게 먹는 찐빵은 무척 맛있었다.

"그러게 내가 뭐랬니? 너 네들이 무슨 찐빵장사를 한다고 —."

외할머니께서는 이렇게 말하시면서 찐빵 값을 내려는 작은 숙이 오빠의 손을 뿌리치시고는 함께 앉으셔서 빵을 잡수셨다.

지금도 나는 호떡집 앞이나, 빵집 앞을 지나갈 때면 그 때 그 팔지도 못하고 다 먹어버린 찐빵 생각이 나곤 한다.

9·28 수복이 된 후, 두 숙이와 나는 자하문 밖에 있는 한 친구 집을 찾아 가기로 했다. 공산군이 서울을 점령하고 있는 동안 마음 놓고 만나지 못하였던 두 숙이와 오래간만에 만나서 광화문 아스팔트 위를 걷고 있으니까 마치 넓은 평원 위를 거닐고 있는 것 같아 셋은 두 팔을 동시에 양쪽으로 펼쳤다.

부서질 것 같은 가을 공기를 들이마시며, 저 멀리 북악산 봉우리 위의 새파란 하늘을 향하여 걸었다. 우리 세 가시나이의 입에서는 가을의 노래가 나오고 있었다. "가—을이라 가을 바람……" 길거리에는 오가는 사람이 별로 없었고 한나절의 햇볕이 알맞게 내려 쪼이고 있는 아스팔트길은 그날따라 유난히 물로 씻은 듯 깨끗하였다.

포화(砲火)에 시꺼멓게 그른 담 벽—. 무섭도록 총탄으로 흠집 진 중앙청 건물. 그 꼭대기에서 팔랑이는 태극기가 우리의 마음을 울렁거리게 하였다.

"예에, 우리 여기서부터 뛰어갈까?" 하고 누군가가 말하였다.

"그래-. 그럼 신을 벗고 뛰자꾸나!"

나는 먼저 신을 벗어 손에 들었다. 두 숙이도 따라서 신을 벗었다.

"자아, 하나, 둘, 셋!" 우리는 맨발로 뛰기 시작했다.

신을 벗어 든 두 손을 열심히 휘저으며 힘껏 뛰었다. 뛰기 내기를 한 것도 아니었는데 나는 두 숙이보다 뒤질세라 숨을 헐떡이며 힘껏 달렸다.

효자동 종점에 닿자 우리는 뛰던 것을 멈추고는 큰소리를 내며 웃었다. 배들을 잡고 또 웃고, 또 웃고 하였다.

다 큰 여학생들이 광화문 아스팔트 넓은 길 위를 맨발로 뛰었던 모습을 상상할 때 나는 지금도 터져 나오는 웃음을 참을 수가 없다.

(1970)

호프만의 뱃노래

 청파동에 살고 있는 나는 숙이라는 친구와 함께 서울역까지 걸어가서 거기서부터 전차를 타고 수송동에 있는 숙명(淑明)학교에 가곤 하였다.

 서울역에 있는 효자동 방면 전차정거장에는 아침마다 등교하는 중학생들로 기다란 줄을 이루고 있었다. 효자동 방면의 줄은 우리가 걸어가고 있는 방향과 마주 보고 있는 줄이었기 때문에 나와 숙이는 그 긴 줄 앞을 지날 때마다 남자 중학생들이 서있어서 얼굴이 붉어지곤 하였다.

 나와 숙이가 전차 정거장에 닿는 시간은 항상 일정 하였으며 이 시간이면 언제나 불 수 있는 학생들이 많았다. 그 중에서도 우리는 K중학에 다니고 있는 두 남학생과 서로 낯이 익게 되었다. 두 남학생 중 하나는 우리보다 한 학년 위였으며 또한 학생은 우리와 같은 학년이었다. 나와 숙이는 아침이면 그 두 남학생을 만나는 것을 그날의 일과처럼 생각하고 있었다. 두 남학생은 항상 우리보다 먼저 나와서 줄에 서 있었으며 우리도 언제나 시간을 맞추어 서울역으로 가곤 하였다.

나는 그 두 남학생을 만날 때마다 부끄럽기도 하였고 가슴이 두근거리기도 하였다. 그들도 우리를 볼 때마다 얼굴을 붉히는 것이 우리에게 관심을 가지고 있는 것 같았다. 어쨌든 우리는 매일 아침 만나는 그들에게 수줍은 감정을 느끼고 있었다.

그러던 중 우리는 두 남학생에게 별명을 하나씩 붙이게 되었다. 항상 빨간 얼굴에 여드름이 많이 났던 상급생에게는 「몽키」라고 붙였고 얼굴이 길고 입이 오므라진 우리와 같은 학년 남학생에게는 「합죽이」라는 별명을 붙였다. 합죽이는 상급생인 몽키 앞에서 꼼짝을 못하는 것 같으면서도 나와 숙이 앞에서는 위엄 있는 표정을 짓곤 하였다.

합죽이는 가끔 몽키의 심부름으로 줄 뒤에 서 있는 우리에게 와서 전차표를 꾸어 달라든가 자리를 양보해 주겠다든 가하는 이야기를 걸어오곤 하였다. 이럴 때마다 나와 숙이는 싫은 표정을 하면서도 서로 자기 것을 꺼내 주려고 하였다. 다음 날이면 꾸어간 전차표를 합죽이가 다시 가지고 올 것을 알고 있었기 때문이다. 빽빽이 들어찬 전차 속에서도 그들과 우리는 가까운 거리에 서 있었다. 그들은 항상 큰 소리로 이야기를 하였기 때문에 나와 숙이는 그들의 대화를 들을 수 있었고 때로는 그 대화의 내용이 우스워서 함께 웃어주기도 하였다.

어느 해인가 나는 우리학교 개교기념예술제에서 합창 지휘를 하게 되었다. 나로서는 상당히 자랑스러운 일이어서 되도록 많은 사람이 와서 나의 지휘하는 모습을 보아 주었으면 하였다. 물론 합죽이와 몽키 생각이 제일 먼저 났다. 어떻게 하면 그들을 우리학교 예술제에 오게 할 수 있을까를 생각하였다. 나는 전차 속에서 숙이에게 큰 소리로 합창 연습을 할 때의 얘기를 꺼냈다.

"얘,「쿠쿠 왈츠」는 삼박자라 지휘하기가 쉬운데,「호프만의 뱃노래」는 박자가 어렵더라-. 육박자인 데다가 마지막 박자부터 시작하니까 알토 파트를 나오게 할 때 같은 때는 …" 하고 말을 꺼내면서, "컨덕터란 쉬운 일이 아니야-." 뭐 이런 식으로 악보 얘기까지 들추면서 상당히 수준 있게 말하였다.

전차속의 얘기는 효과가 있었다. 지휘봉을 들고 단상에 올라가려고 할 때 그들이 온 것을 나는 알았다. 나에게 자기들이 왔다는 것을 알리기 위해서인지 약간 독특한 소리를 내면서 앞줄에 앉아서 싱글거리고 있었다.

합창단 지휘대 위에 올라선 나는 다리가 후들거리기 시작하였다. 마음은 침착해 있다고 생각했고 또 나 딴에는 태연한 것 같은데 다리만은 계속 흔들리고 있었다. 어느 순간, 내가 올라선 나무단상이 '딸까닥!'하고 소리를 냈다. 떨리고 있는 나의 다리 때문이었던 모양이다. 나는 정신없이 지휘봉을 휘둘렀다. 합창은 무사히 끝나고 박수소리가 강당 안을 울렸다. 돌아서서 인사를 할 때까지도 나의 다리는 떨리고 있었던 것 같다. 합죽이와 몽키가 바로 앞에 앉아서 지켜보고 있지만 않았어도 그렇게 다리가 떨리지는 않았을 것이다. 지휘대 위에서 내려올 때 나의 다리는 뻣뻣해 있었다.

  그 후 나는 전차 속에서 합죽이와 몽키를 만나게 될까봐 얼마동안 전차를 타지 않고 걸어서 학교에 다녔다. 숙이는 영문도 모르고 나를 따라 몇 달을 걸어 다녔다.

(1970)

밤에만 놓은 십자수(十字繡)

봉투 속의 돈은 2천환이 남았다. 그것으로 쌀을 사면 앞으로 열흘은 먹을 수 있다는 생각이 들었으나 열흘 동안을 쌀만 먹고 살 수도 없는 노릇, 이럭저럭 닷새 동안은 지낼 수 있겠다고 생각하였다.

어머니와 단둘이 지냈던 부산 피난 시절, 가지고 간 돈 봉투에 2천환 밖에 남지 않았다는 것을 알자 나는 갑자기 불안해지기 시작하였다. 어찌 보면 나는 어머니보다도 더 불안해하고 걱정을 한 것도 같았다.

"배고프지? 밥 먹자."

밥 냄비를 방으로 가지고 들어오시는 어머니를 거들어서, 나는 종이로 바른 나지막한 나무 궤짝 위에 수저와 간장 종지를 올려놓았다. 마치 동네 아주머니가 놀러 오실 때 모양, 그렇게 명랑한 목소리와 표정을 지으시는 어머니와 마주 앉아 밥숟가락을 움직일 때 나의 마음은 우울했다. 필경 나보다 더 걱정을 하고 초조해 하고 계셨겠지만 나에게 그런 것을 보이지 않으시려는 어머니의 마음을 잘 알고 있기 때문이다.

밥은 뜨거울 때 먹어야 맛이 있다면서 냄비 체 들고 방으로 들어오시는 어머니의 저녁 준비는 항상 간단하였다. 나는 김이 나는 뜨거운 밥을 어머니가 찢어주시는 날 김에 싸서 간장을 찍어 먹으면서 그것이 무척 맛있다는 생각을 하였다. 그러나 앞 못 보는 장님이 손으로 더듬듯이 짐작으로 매일 매일을 생활해야 하는 어두운 방안의 분위기가 나의 마음을 누르고 있었다.

어머니와 내가 세 들고 있었던 초량동 조그마한 집은 방이 하나 밖에 없는 가게 집이었는데 이 집에는 한 쪽 눈을 보지 못하는 할머니가 손자 같은 학생 아들 하나를 데리고 둘이서 살고 있었다. 한 쪽 눈을 감고 있는 할머니의 얼굴은 늘 웃는 얼굴을 하고 있었으며 어린 아들의 문제를 나의 어머니에게 의논하곤 하였다.

우리는 이 할머니가 살고 있는 한 개밖에 없는 방 한가운데를 장롱으로 막고 그 안쪽을 쓰고 있었기 때문에 밖으로 나가려면 반드시 할머니 방을 통해야만 했다. 이 구석진 방은 햇빛이 들어올 창이 없어서 한낮에도 캄캄하였다. 어머니와 나는 전기불이 들어오는 밤이 될 때까지 아무것도 방안에서는 할 수가 없었다. 아침이면 밥 냄비를 들고 손바닥 만 한 부엌 뒷마당에 나가서 그곳에 있는 절구통 위에 간장 종지와 날 김 뭉치를 올려놓고 선 채로 밥을 먹곤 하였다. 좁은 뒷마당에 서면 넓은 바다가 내려다보이고 갈매기가 나르는 것이 보였다. 이른 아침이면, 수평선 위에서 고기를 잡고 돌아오는 흰 돛배도 볼 수 있어서 그런 것들을 바라보며 밥을 먹을 때마다, "엄마, 소풍 온 것 같아서 좋죠?"하고 말하곤 하였다. 실제로 나는 즐거운 기분이 들었고 아침 햇살이 눈부시도록 바다 위에 반짝일 때면 나는 입속에 밥을 가득 넣은 채로 콧노래도 불렀다.

아버지와 이혼을 하고 혼자 사시고 계셨던 어머니와 함께 내가 피난 가겠다고 아버지께 말씀드릴 때 나는 친구와 같이 피난 간다고 거짓말을 하고 허락을 받았다. 재혼한 아버지와 새어머니 앞에서 '친어머니' 이야기를 하고 싶지 않아서였다.

아버지는 물론 그런 딸의 마음을 알고 계셨고, "너, 고생이 될 텐데-."하시며 크지 않은 봉투를 손에 쥐어주셨다. 짐짝이 가득 실린 트럭꼭대기에 올라타고 서울을 떠날 때만 해도 어머니와 함께 라는 생각만이 나를 흥분시켰고 피난 생활에 대한 걱정이라곤 할 생각을 하지 않았다.

그러나 이렇게 오직 하나의 돈 봉투만을 이불 틈에 끼워놓고 한 장씩 빼어 쓰고 있다가 점점 얇아져가는 봉투를 어머니가 만지작거리시는 것을 본 순간부터 나는 갑자기 불안한 생각이 들기 시작했다. 그날부터 나는 일자리를 찾아서 부산 시내를 이러 저리 돌아다녔다. 거제리(巨濟里)에 있는 포로수용소의 간호원 모집광고를 보고도 달려갔고, 방직공장 여공 모집의 소문을 듣고도 찾아가 보았다. 부산역 앞에 있는 직업소개소에 매일같이 나가서 긴 나무의자에 하루 종일 나의 이름 부를 때를 기다리며 쪼그리고 앉아있기도 하였다.

어느 날 나는 길거리에서 여학교 상급반 언니를 우연히 만났다. 그 언니는 서울에서 우리 집 바로 앞집에 살고 있었기 때문에 나와는 가까이 지냈던 선배언니다. 내가 일자리를 찾아 돌아다니고 있다는 얘기를 하여도 나의 표정이 그리 슬퍼 보이지 않았던지 곧이듣질 않더니 먹을 쌀이 달랑달랑해 간다는 말을 듣고서 그제서야 나를 자기 집으로 데리고 갔다.

선배언니의 집에는 나이 든 여자들이 많아 와서 세수수건 크기의 모시 옷감에 십자수를 놓고 앉아 있었다.

"경희야, 너 이거라도 해보련?"하고 나에게 물었을 때 '이거라도'가 아니라 '이런 것이면 얼마든지 할 수 있다'는 생각이 들었다.

"요것만 우선 가지고 가서 수를 놓아가지고 와."라고 하는 선배언니에게 억지로 졸라서 몇 장을 더 얻어가지고 집으로 돌아왔다. 그날부터 나는 집에서 십자수를 놓기 시작하였다. 한 올, 한 올 모시 옷감의 올을 세어가면서 춘향이며 널뛰는 아가씨 도안 위에 열십자수를 놓을 때면 학교에서 주는 수예 숙제를 하고 있는 기분이 들어서 선생께 칭찬을 받기 위하려는

듯이 열심히 수를 놓았다.

 그러나 낮에는 방이 어두워서 불꽃이 아른거리는 촛불 밑에서 수를 놓아야 하기 때문에 바늘 끝에 여러 번 손가락을 찔려야 했고 그 때마다 하얀 모시에 피가 묻을까봐 무척이나 긴장하면서 손을 움직였다. 그래서 어머니와 나는 전기불이 들어오는 밤을 기다렸다가 수를 놓기로 하였다. 사방이 고요하고 바닷바람 소리조차 들리지 않는 골방에서 한밤중 나는 하얀 모시 올에 춘향이를 수놓아가면서, 이 한 바늘 한 바늘이 돈으로 계산된다는 사실이 즐겁기만 하였다. 이 때 장롱 건너 옆방에서 자고 있던 주인 할머니는 방문대신 가려놓은 포장을 들치고는, 한 쪽 눈이 보이지 않아 얼굴을 옆으로 기우리고는, "뭔데 아직도 안자는 기요?"하고 높은 음의 목소리로 짜증을 내곤 하였지만 어머니와 나는, "네-.""네-."하면서 손을 더 빨리 놀리곤 하였다.

 다음날 아침 나는 돈을 받기 위해 십자수 보따리를 들고 광복동 선배언니 집으로 갔다. 십자수 삯으로 받은 돈은 예상외로 많았다. 내 힘으로 번 돈! 나는 집으로 돌아오면서 호주머니 속에 있는 그 가슴 벅찬 돈을 몇 번씩이나 한 장, 한 장 세면서 걸음을 빨리했다.

(1970)

비너스의 탄생

여학교 때 앨범을 보니까 재미있는 사진들이 많다. 머리를 두 갈래로 뒤로 묶은 모양이며, 빳빳이 풀이 선 흰 컬러에 출렁출렁 긴 푸라아 스커트 교복을 입은 모습 등. 어쩌면 하나같이 그토록 심각한 표정들을 하고 있는지?

그런 여러 사진들을 들여다보다가 눈길이 멈춰진 사진이 있었다. 그것은 나의 춤추는 사진이었다. 춤을 추는 다른 아이들 틈에서 겨우 얼굴이 뵐까 말까 하는 사진이었지만 내가 어떤 포즈를 하고 있는지는 짐작할 수 있었다.

여학교 3학년 때의 일. 개교기념일에 명동의 시공간 극장에서 예술제를 가졌는데 거기에서 내가 출연하게 되었다. 그것도 '무영부문'에서였다. '무용부문'이란 말을 특별히 강조하는 것은 내가 학교 때 춤을 추었다는 것이 신기해서이다. 나는 애당초부터 무용이라는 것을 할 생각을 못했었다. 그것은 나의 몸에 자신이 없었기 때문이다. 여학교 때 나의 몸은 보기 흉할 정도로 비쩍 마른데다가 다리는 황새다리모양 가늘어서 바람이 세게 불면 날아갈 것이라고 친구들이 놀리곤 하였다. 춤추기를 싫어하진 않았지만 그러려면 몸이 곱고 균형이 잡혀 있어야 하는데 나는 그렇지가 않았다.

어느 날 무용을 가르치시는 K선생님이 나를 부르시더니 그 날부터 예술제출연을 위해서 무용연습을 하라는 것이다. 나는 갑작스런 선생님 말씀에 어리둥절했다. 무용 부 학생들 50명은 이미 한 달 전부터 연습을 하고 있었다. 도중에 내가 들어가서 어떻게 따라 갈지 걱정이어서 나는 선생님께 몇 번이나 자신이 없다는 말씀을 드렸다. 그 때 선생님은 나에게 말씀하셨다.

"경희야. 모든 것은 그것을 잘 할 수 있다고 생각하는 사람만 하는 것은 아니야. 자신감을 가지고 열심히 하겠다는 생각만 하면 되는 거야. 얼마나 잘 하느냐 보다도 얼마나 잘 할 생각을 하는 것이 중요하단다. 자신감을 가지고 해. 너는 할 수 있을 거야. 이번에 우리가 하려는 것은 우리나라에서는 처음으로 발표하는 단체무용이란다. 말하자면 무용극 같은 것이기 때문에 혼자서 뛰어나게 잘할 생각을 하는 것보다는 여러 사람 속에서 자기를 잘 어울릴 수 있게 하는 것이 중요하단다. 자! 빨리 옷을 갈아입고 이제부터 하는 거야."

나는 선생님이 시키시는 대로 무용복으로 갈아입고 연습을 하고 있는 아이들 틈으로 들어갔다. 그 동안 연습을 해 오던 무용반의 한 아이가 건강이 좋지 않아서 내가 그 자리를 대신 출연하게 된 것이다. 무용의 제목은 '비너스의 탄생'이었다. 붉은 하트를 가슴에 단 큐우핏이 비너스에게 화살을 겨누고, 비너스는 조개껍질 속에서 나와 바닷물에 몸을 적시는…. 그리고 나는 여러 아이들과 함께 바닷물이 되는 것이다. 바닷물은 잔잔한 물결도 되었다가 어느 샌가 출렁이는 파도로도 바뀐다. 바닷물 역을 하는 많은 아이들과 함께 오직 한손을 들고 뒤로 제쳤다 앞으로 구부렸다 하는 동작을 연속적으로 하는 것이 전부여서 나의 춤추는 모습이 결코 누구의 눈에 띌 수는 없다. 나는 파도 물결을 만들기 위해서 옆의 아이들 틈에서 열심히 따라 움직였고 뛰어야 할 때도 열심히 따라서 뛰었다. 처음에는 나의 서투른 동작을 보고 아이들이 자꾸 웃기도 하였다. 그래도 나는 부끄럽다는 생각이 들지 않았다. 나를 지켜보고 계시는 K선생님의 눈빛이 든든해서였는지 모른다.

마침내 그 날은 왔다. 50명이나 되는 많은 아이들과 다함께 무대 위로 뛰어 나갈 때 처음에는 많이 긴장되었으나 어느새 나는 거의 나 자신을 잊어버리고 파도를 만드는 춤동작에 몰입하게 되었다. '비너스의 탄생' 춤은 끝나고 막이 내렸다. 박수 소리를 들으면서 상기된 얼굴로 옷을 갈아입고 있는데 K선생님이 분장실로 들어오셨다.

"참, 훌륭했어!" 선생님은 모두의 어깨를 한 번씩 툭툭 치신 후에 나의 얼굴을 쳐다보시더니 눈을 끔쩍 감으시면서 의미 있는 웃음을 지으셨다. 모든 일에 적당히 하는 것을 싫어하셨고, 태도가 분명치 않은 아이들에게 늘 엄하게 주위를 주시는 K선생님은, 기분이 좋으실 때면 특유의 윙크로 학생들을 웃기시는 분이었다.

여학교 때 사진 속에서 '비너스의 탄생'춤을 추고 있는 나의 모습을 보며, 그동안 잊고 있었던 K선생님의 윙크 짓는 얼굴이 떠올랐다.

(1970)

왕자와 공주

「호랑이 담배 피우는 집」옆 골목으로 들어가면 막다른 곳에 굉장히 큰 부잣집이 있었다. 대문이 어찌나 큰지 동네에서는 그 집을 큰대문집이라고 불렀다. 큰대문집은 안채니, 사랑채니, 바깥채니 해서 군데군데에 방과 마루가 있고, 집 뒤에는 동산이 있어서 아이들이 가서 놀 때에는 가슴이 울렁거릴 정도로 컸다.

그래서도 그랬겠지만, 그 집에서는 함부로 아이들이 들오질 못하게 하여서 동네 아이들은 그 집에 가서 놀지를 않았다.

그 집에는 나와 유치원 한반에 다니는 남준이라는 사내아이가 있었다. 나의 어머니와 남준이 어머니는 서로 가깝게 지내고 계셨기 때문에 나는 어머니를 따라서 자주 남준이네 집에 갔다.

남준이 어머니는 울긋불긋한 그림이 그려져 있는 기다란 다락문을 열고 깨엿이라든가 강정, 약과, 그리고 귤 같은 것을 꺼내 주시며 그걸 가지고 남준이하고 같이 놀라고 하셨다. 나는 남준이가 나를 보고도 아무 말 없이 나가 버렸는데 어떻게 내가 남준이한테 가서 말을 붙일 수 있을까 생각하며 그대로 앉아 있곤 하였다. 남준이 어머니는 남준이가 있는 방으로 나를 데리고 가서 남준이더러 친구가 왔으니 같이 놀라고 하셨다

 남준이는 자기 방에 하나 가득 그림책을 꺼내 놓고는 나는 쳐다보지도 않고 책만 보는 체 하였다. 남준이는 「고오단샤노 에홍」(講談社의 그림책)을 많이 가지고 있었고 내가 그 집에 갈 때마다 언제나 그렇게 방바닥에 가득 꺼내놓곤 했다. 이들 그림책에는 재미나는 그림이 많이 있었고 남준이는 내가 그 책을 무척 좋아하고 있다는 것을 알고 있었다.

 결국 남준이와 나는 그 책을 한 권씩 들고 뒷동산에 올라가서 돌 의자에 나란히 앉아서 보곤 하였다. 나의 어머니가 나를 부르러 올 때까지 둘이는 말도 별로 하지 않았지만 남이 보기에 꽤나 다정하게 보였을 런지도 모른다.

 나는 말을 잘 하지 않는 남준이를 좋아했던 것 같다. 늘 좋은 옷을 깨끗이 입고 머리는 상고머리를 한 남준이를 속으로 「고오단샤노 에홍」에 나오는 왕자 같다고 생각하면서, 나는 마음속으로 거기 나오는 어느 공주가 되어 보곤 했던 것이다.

왕자와 공주는 서로 말 없이 좋아하였다.

때문인지 남준이 집에서는, 남준이 어머니로부터 남준이 누나에 이르기까지(그 때 남준이 누나는 여학교에 다니고 있었는데 나는 어른으로 생각하고 있었다.) 나를 남준이 색시라고 불렀다. 언젠가 남준이가 하도 울어서, "너 그렇게 울면 경희에게 장가 안 보낼 래."하였더니 울음을 그치더라는 것이다. 그 후로 나는 남준이 색시 감이 되었는데, 나는 속으로는 좋아했지만 그런 말을 들을 때는 부끄러워해야 하는 것이라고 혼자 생각하고 있었다.

남준이 집에는 자가용자동차도 있었다. 나는 남준이 덕에 지금의 YWCA 자리에 있는 유치원까지 자동차를 타고 다녔다. 아마 내가 자가용자동차라는 것을 타 본 것은 이것이 처음이었던 것 같다.

남준이네 자동차를 타고 유치원에 가서 내릴 때나 집 근처에서 내릴 때면 으레 아이들이 우르르 몰려오곤 하였는데 그럴 때마다 겉으로는 뽐내는 체 하였지만 속으로는 좀 창피한 생각이 들어서 자동차에서 내리기가 무섭게 다라나 버리곤 하였다. 어머니는 열심히 서둘러서 그 차편에 나를 태워 유치원에 보내려고 하셨지만 나는 그러한 어머니를 남준이네 집에서 싫어할 것만 같았다.

나는 차 속에서 둘이만 있을 때도 남준이가 여전히 말을 안 해서 그랬는지 공연히 남준이 앞에서는 우리 집이 굉장히 가난한 집같이 생각되어 내가 입고 있는 옷도 다시 한 번 내려다보고 도시락 주머니도 다시 한 번 만져 보곤 하였다. 그럴 때면 꼭 한 가지, "너의 집 뒷동산의 전등은 우리 아버지가 달아 준 거다? (너 알고 있니?)"하고 입 속에서 중얼거리는 것이었다.

남준이 집에서는 뒷동산에 있는 벚꽃을 밤에도 즐길 수 있게 한다고 전기회사에 다니고 계셨던 나의 아버지한테 부탁해서 전등을 달은 모양이었다. 물론 돈은 남준이네가 낸 것이고 우리 아버지는 그 설계라든가 공사만 거들어 주셨던 것인가 본데, 언젠가 나의 어머니께서 동내 집 부인들과 이야기할 때, "그거 경희 아버지가 다 달아준 거예요."하는 것을 들었던 일이 있었기 때문이다. 나는 남준이한테는 속으로 늘 그것을 뽐내고 있었던 것이다.

남준이와 나는 둘 다 유치원에서 말을 잘 안하고 울기 잘하는 아이로 손꼽히고 있었다. 한 번은 유치원 운동장 한 가운데에 넓찍하니 뿌려 놓고 호루라기 소리와 함께 아이들에게 밤을 줍게 하였다. 나는 빨리 밤을 주우려고 하였는데 왜 그렇게 몸이 안 움직여졌는지? 그리고 다른 아이가 주우려고 하는 것에만 손이 갔기 때문에 결국은 몇 개 밖에 줍지를 못하였다. 남준이도 덩달아서 내가 주우려 하는 것만 주웠기 때문에 나보다도 더 줍지를 못했다. 남준이와 나는 밤이 몇 개 안 들어 있는 소꿉용 바케츠를 들고 한 참 동안 울었다.

언젠가 첫 아기를 가졌을 때 길에서 남준이 누이를 만난 일이 있었다. 남준이 누나는 나를 금방 알아보며 반가워하시더니, "경희를 보니 남준이 생각이 나는군 그래. 남준이는 지금 독일 가서 아직 장가도 안 들고 전위예술인지를 하고 있지 뭐야. 아유, 어쩌면…. 남준이가 있었다면…. 그래, 어떤 데로 시집을 갔우?"

정말 나는 한참동안 얼떨떨하였다. 약간 부끄러운 생각도 들면서ㅡ.

남준이가 그립다는(그런 것도 그립다고 하는지?) 생각도 들었지만 그토록 나와 남준이를 한 쌍으로 생각하였나 싶었던 그 왕자와 공주 시절의 옛일이 눈앞에 아른거렸다.

(1970)

흰 눈과 미스터 오웰

 눈(雪)은 그때마다 새삼스럽고 반갑다. 어려서의 기억에 눈과 연결되는 일이 가장 선명하며 이 해의 반가움 역시 연말부터 내린 흰 눈으로부터 시작되는 것 같다.

 방에서 키운 해미나리의 연한 줄기에서 눈의 향기로움을 맛보며 그 이파리의 싸늘한 체온에서 봄의 뜻을 읽는다.

 매해 즐겨 쓰던 연하장의 매수도 어느새 놀라울 정도로 줄어 버렸고, 세배 드려야 할 곳이 몇 군데밖에 안 남은 오늘의 나의 인생에 대해 뭔가 생각게 하는 일이 많다.

 엄마 손을 잡고 때때옷차림의 어린 나는 세배 갈 곳이 너무 많았다. 할아버지 집, 외삼촌 집, 신촌에 사시는 큰 아주머니 댁…. 세배 돈 받으면 더 오래 머무를 수 없이 다음 집으로 가야 했다. 그처럼 설날 나는 바빴고 나를 반겨 주는 어른들이 많았다. 이런 일들이 모두 눈과 눈길과 흰 빛깔로 연결된다.

그런데 소나무가지가 꺾이도록 쌓인 탐스런 눈의 모습이나 고속도로 위를 엉금엉금 기는 자동차 행렬을 안방 텔레비전에서 보면서, 흰 눈은 아름다운 정서가 아니고 사고나 장해의 대상으로밖에 이해되지 않게 되고 있는 것은 정말 슬픈 일이다.

정월 초이틀의 새벽 1시를 기다려 백남준의 비디오 아트 〈굿모닝 미스터 오웰〉을 본다.

가까운 길도 눈에 덮여 교통 두절이라는데 바로 옆 채널에서 미국과 프랑스의 먼 공간을 잇는 프로그램을 이렇게 대한다는 것이 정말 새삼스럽다.

그의 예술은 선명한 빛깔로 비춰 주고 있으나 나는 사실 그것을 이해하기까지 이르기엔 너무 멀리 있다는 것을 느낀다. 그저 그의 메시지 〈1984년〉이 희망적이고 행복하다는 것을 알 뿐이다.

유명 인사를 놓고 그 사람이 내 동창이고 친구고, 하는 사람의 이야기를 들으면 그토록 경멸스러웠는데, 나는 이 밤, 온 지구촌에 비춰 줄 그의 새 시대를 고하는 영상예술을 대하면서, 바로 '그가 나의 어려서의 사내 친구였다'는 말이 어떻게 들리든, 필경 난해할 수밖에 없는 그의 예술을 이해하는 데 도움이 된다면 그 경멸스런 말도 하고 싶은 심정이었다.

그러나 1시까지 계속 앉아 있을 수가 없어 시계를 맞춰 놓고 미리 잠자리에 들었다. 그것이 오히려 잘된 것인지도 몰랐다. 시간에 맞춰 내가 눈을 떴을 때에는 그때까지 지키고 있겠다던 아이들은 깊은 잠 속에 있었다.

영상은 미리부터 너무 겁먹고 있었던 탓인지 생각보다는 즐겁고 재미있었다. 우선『1984년』의 죠지 오웰을 들춰낸 표제(標題). 그것이 그곳 텔레비전 기획자들의 구미를 당기게 했을지 모른다는 생각도 들었다.

사실 나는『1984년』이란 소설이 이 세상에 있었다는 사실도 알지 못했다. 그것이 이번 연말부터 신문에 그 소설과 오웰이란 인물을 소개해 주면서부터 알게 됐을 뿐인데, '나의 친구' 남준이는 이런 상식적인 이름이 세계인에게 어떤 충격을 준다는 것을 알고 있었다는 것, 나는 그게 신통했다. 역시 그는 천재였던 모양이다.

어떻든 나는 세기적인 예술을 연출하는 천재친구의 현장을 목격한다는 그 사실만으로 흐뭇했다.

영상은 불연속적으로 바뀌고, 낯선 얼굴, 연주, 춤, 중복되는 화면과 색깔의 파문 등이 마치 텔레비전 수상기가 망가진 것이 아닌가 하고 착각할 정도로 혼란했어도, 친구 남주의 것이라는데 내가 모를 것 뭐 있겠는가 하는 생각으로 보면서 어느새 친근감을 느낄 정도로 끝까지 즐겁게 볼 수 있었다.

마지막으로 그의 인터뷰가 있었다. 삼십여 년이 넘도록 한국을 떠나있었는데도 그리도 유창하고 유식한 단어를 구사하고 있어 얼마나 마음이 놓였는지 몰랐다. 그래 주길 바랐기 때문이었다.

밖에는 눈이 쌓이고, 어제 오늘, 이 겨울 최하의 기온을 기록하는 추위 속에서도 나는 이 해가 남준이가 예언하는 것처럼 유머러스하고 도처에 해프닝이 기다릴 것만 같아서 나이를 잊고 즐겁게 살아갈 수 있을 것 같다.

(1984)

나의 유치원 친구, 백남준 이야기

나의 유치원 친구 남준이를 이 나이에 다시 만날 수 있으리라고는 꿈에도 생각하지 못했었다. 그런데 34년 만에 그는 세계적인 예술가가 되어 한국에 돌아온 것이다.

그가 돌아온다는 소식을 신문에서 읽고 나는 옛날 사진 묶음을 뒤졌다. 남준이와의 사진이 있었던 것이 기억되었기 때문이다. 그때 남준이와 내가 사진을 찍으려는데 갑자기 어떤 계집아이가 우리 둘 사이로 끼어들어 사진을 다시 찍을 수밖에 없었던, 그런 기억의 사진인데 아무리 찾아도 그것은 없었다. 그러나 다행히 유치원 졸업 때 모두가 같이 있는 사진은 있었다. 반갑기 그지없었다.

나는 얼핏 남준이를 찾아냈다. 맨 뒷줄 왼편쪽에 상고머리 애가 남준이라는 것을 나는 금방 알아낸 것이다. 그런데 바로

양 옆에 서 있는 애들도 모두 상고머리를 하고 있었는데 나는 왜 그런지 남준이 만이 상고머리라고 기억된 것은 이상한 일이다. 그때 남준이는 말이 없는 조용한 아이였다. 그렇기 때문에 나는 그 애가 좋았다.

그런데 사진 속에서 내가 어디 있는지를 찾는 데에는 시간이 걸렸다. 똑같이 에이프런을 입고, 가슴에 흰 손수건을 달고, 그리고 똑같은 형의 단발머리를 하고 있는 계집애들 가운데서 나를 알아내기가 힘들었던 것이다. 둘째 줄 가운데 단발머리가 나와 비슷했다. 그리고 그 얼굴을 다시 본 후에야 나라는 것을 확인할 정도였다.

남준이와 나는 창신동 같은 동네에 살았었다. 그 애 집은 서울에서 이름난 부자여서 매일 아침 유치원 갈 때면 나는 그 애 집 캐딜락 자가용을 타고 가곤 했었다. 그 시절 서울에 캐딜락이 두 대밖에 없었는데 그 중의 하나가 남준이네 거라고 했다.

남준이 집은 마당이 넓고 뒤쪽에는 동산이 있어서 아이들이 가서 놀기가 아주 좋았다. 우리 어머니와 가까이 지내셨던 남준이 어머니는 늘 나를 불러 남준이와 놀게 하셨고, 나도 그 애가 많이 가지고 있는 일본의 고오단샤講談社의 그림책을 볼 수 있어서 매일 같이 놀러 가곤 했었다.

우리의 유치원은 명동성당 앞에 있었는데 때로 남준이와 나는 을지로2가에서 동대문까지 전차를 타고 집에 오기도 했었다. 나는 자가용보다 전차를 타고 오는 것이 더 좋았다. 그것은 나의 아버지가 전기 회사에 다니셨기 때문에 나는 돈 안 내고도 전차를 탈 수 있어서였다. 나는 동그란 나무로 된 전차 패스를 목에 걸고 다녔었는데, 차장에게 그것을 쳐들어 보이며 큰소리로 "모꾸사쓰(木札의 일본말)" 하고 그냥 차 속으로 들어갔고, 남준이는 차표를 내고 타곤 했었다. 말하자면 그것이 나에겐 남준이 앞에서 유일하게 뽐낼 수 있는 일이었다.

남준이도 전차로 집에 오는 것을 좋아했다. 그 애와 나는 전차에 오르자마자 우리가 들고 다니는 바스켓을 양 옆에 놓고, 창밖을 향해 무릎을 세우고 앉는다. 땡땡거리는 전차 소리를 들으며 창밖을 내다보면 마차도 지나가고, 소달구지도 지나가고, 우리는 그렇게 앉아서 밖을 구경하는 것이 재미있어서 종점인 동대문에 다 와서도 차장이 내리라고 할 때까지 앉아 있곤 하였다.

남준이 집엔 그 애 외사촌들도 자주 와서 놀곤 하였다. 그런데 남준이는 그 애들과 공 던지기를 하고 놀다가도 내가 가면 슬그머니 잡고 있던 공을 놓고 나에게로 오곤 해서 그러한 남준이를 그 애들은 못마땅하게 생각하는 눈치였다. 나는 그런 것을 느낄 정도의 계집애였던 것을 기억한다.

어느 날 나는 남준이 집에서 숨바꼭질을 하다가 그만 이마를 다쳤다. 남준이와 둘이서 뒷마당으로 숨으러 갔는데, 창고 뒤에 있는 양철지붕 아래로 숨다가 이마를 다쳐 피가 뚝뚝 흘렀다. 남준이는 흐르는 피에 겁을 먹고 있었다. 나는 무서워하는 남준이가 미안해서 이마의 아픔도 느끼지 못했다. 그 후에 어른이 되어서도 나는 이마에 살짝 남은 상처를 보면서 그때 그 일을 생각하곤 했다.

유치원을 졸업하고 남준이는 수송국민학교로, 나는 교동국민학교로 갈라져 가게 되었는데, 졸업하는 날 남준이가 이 사실을 알고 어찌나 슬피 울었던지 남준이 어머니가 그것을 달래느라고 혼이 났다는 이야기를 나중에 들어서 알았다. 나도 우리가 서로 헤어지게 된 것을 미리 알았더라면 울었을 것이 분명하다. 그때 나는 부모님들이 왜 우리를 다른 학교에 가게 했나 하고 원망을 했던 일도 기억난다.

그 후 우리는 자연히 만나는 것이 뜸해졌다. 그러다 우리 집은 동대문 밖 창신동에서 종로2가로 옮겼다.

내가 숙명여중에 다닐 때였다. 단체 관람으로 명동에 있는 국립극장에 갔는데 그때 경기중학교 학생들도 와 있었다. 경기중학이면 남준이가 다니는 학교여서 그가 왔을 것 같아 가슴을 두근거리며 찾았다. 그러나 남준이는 끝내 눈에 띄지 않았다. 서운했다. 그 서운함은 몇 년 계속됐던 것 같다.

남준이가 홍콩으로 갔다는 것을 안 것은 부산에 피난 가서였다. 나의 어머니는 그때까지도 남준이 어머니와 연락이 있으셨던지 우리가 부산에 피난 간 지 얼마 안 돼서 나를 남준이 집에 데리고 가셨다. 남준이 어머니께선 나를 보시자마자 "준이는 홍콩으로 갔단다. 거기서 저의 형이 있는 일본으로 갈 거야" 하셨다. 나는 그 사실이 그렇게 허망했고 쓸쓸할 수가 없었다. 남준이는 그렇게 한국을 떠나 버렸던 것이다.

남준의 귀국은 매스컴에 의해 알았다. 비디오 아티스트로서의 그는 내가 알고 있는 정도를 훨씬 넘는 그런 대단한 인물로 되어 있었다.

그가 일본인 부인과 함께 입국하는 모습을 텔레비전으로 보았다. 반갑기도 하고, 이상하게 서먹서먹한, 아무튼 그런 기분이었다. 내가 만일 소설로 쓴다면 그때의 기분을 제대로 표현할 것 같은데, 하는 그런 생각이었다.

아주 오래 전에, 내가 결혼하고 얼마 안 되었을 때, 남준이 누님을 길에서 만난 일이 있었다. 그때 누님은 나를 보고 "어머 결혼을 했구려. 남준이는 장가도 안 들고 독일에서 전위예술인지 뭔지 괴상한 짓을 하고 있데요."라며 걱정스럽다는 식의 이야기를 들려주었던 일이 있어서, 나는 어떻든 남준이는 그렇게 그냥 예술만 하고 사는 줄 알았는데—. 그런 그가 일본인 부인과 함께 고국에 돌아온 것이 나에게 세월을 느끼게 했다.

흰 와이셔츠에 검은 멜빵을 멘, 헐렁한 옷차림의 남준이가 친척들의 환영을 받고 있는 모습을 방에 앉아서 먼 산 바라보듯 했지만 내 머리 속의 주마등은 끊임없이 굉음을 내며 돌아가고 있었다.

그런데 남준이가 공항에 내리자마자 기자들이 묻는 말에 "나의 유치원 친구, 이경희를 만나고 싶다"고 말했다는 기사가 바로 석간신문에 실려 있는 것이 아닌가! 나는 혹시 잘못 본 것이 아닌 가 했지만 분명히 거기엔 "유치원 친구, 이경희"라고 씌어져 있었다. 나는 깜짝 놀랐다. 그리고 반가웠다. 도대체 "이경희"라고 해서 누가 난 줄 알 것인가? 그러나 그가 분명 나의 친구였음을 확인하는 감격적인 말임에 틀림없었다.

그날 밤, 나는 퇴근한 남편에게 이 사실을 전하면서 신문 기사를 보여 주었다. 남편은 기사를 보면서 "미친 놈!" 하고 내뱉듯이 말하는 것이었다. 그러나 그러는 그의 얼굴과 음성은 '응당 그럴 수 있다'는 것을 이해한 사람의 그것이었다.

사실 남편이 아무 말 없이 가만있었으면 얼마나 불편했을까? 그런데 그의 너무도 적절한 표현이 그리도 고맙게 느껴질 수가 없었다. 남편은 나의 첫 수필집 《산귀래》에 쓴 〈왕자와 공주〉라는 글에서 이미 남준이와 나 사이를 알고 있었기 때문에 남준을 유치원 남자 친구 이상의 성장한 남자로 보지 않고 있었다는 것을 알았다.

나는 그가 묵고 있는 워커힐호텔로 전화를 걸었다. 그러나 그와 연결이 안됐다. 나는 교환양에게 이름과 전화번호를 일러주고 백남준 씨에게 전해 달라고 했다.

얼마 후 전화가 걸려 왔다. 남준이었다. "여보세요. 이경희…" 하는데 그 목소리가 사십여 년이 지난 세월인데도 나는 남준이임을 금방 알 수 있었다. 물론 그의 변한 목소리를 알 리가 없었지만 그 음성이 남준인 것을 알았다.

그는 전제 이야기가 없이 전화로 이렇게 묻는 것이었다.

"경희, 이마 다친 것 어떻게 되었지? 경희 이마에 피가 흘러서 내가 얼마나 미안했는지 몰라. 상처가 아직 남아 있어? 우리 둘이 찍은 사진이 있을 텐데 경희가 가지고 있지 않아? 우리가 들고 다니던 바스켓 생각나? 경희 것은 빨강, 내 것은 하양. 땡땡거리는 전차 재미있었지? 전차 굴러가는 쇠바퀴 소리도 좋았고—. 중학교 때, 명동의 국립극장에서 경희를 보았는데 부끄러워서 숨었지."

남준이에게 있어서 나는 아직도 그때 그 세월 속에 머물러 있었다.

그와 만나는 날 나는 유치원 사진을 가지고 갔다. 실제로 이것밖에 그와 나를 연결할 것이 없었으니까.

그는 사진을 들여다보며 "경희는 여기 있는데 나는 어디 있지?" 하는 것이었다. 남준이도 나처럼 자기의 얼굴을 잊고 상대의 얼굴만 기억하고 있었다는 것이 얼마나 재미있는 일인가!

(1984)

눈물로 들은 그의 조국 찬가

지도를 그렇게 들여다보았으면서도 나는 덴마크의 수도 코펜하겐이 육지가 아니라 섬에 있다는 것을 몰랐었다. 구라파 대륙 맨 북쪽에 삐죽 올라간 땅이 덴마크이고, 거기에 으레 코펜하겐이 있는 것으로 나는 생각하고 있었던 것이다.

그런데 사물놀이 패거리를 데리고 덴마크 순회공연을 갔었을 때 그 나라가 대륙에 붙은 유트란드 반도와 몇 개의 섬으로 되어 있다는 것을 알았다. 그리고 코펜하겐은 셀란이란 섬에 있다는 것도—. 모르고 있으면서도 알고 있는 줄 아는 부정확한 지식을 내가 또 얼마나 많이 갖고 있는 걸까?

드레스덴에서 있었던 세계꼭두극페스티벌(The World Marionette Festival)을 마치고 우리 일행은 코펜하겐으로 갔다. 덴마크의 올보그와 오루후스, 그리고 코펜하겐, 이렇게 3개 도시에서 공연을 하게 되어 있었기 때문이었다. 우리일행은 코펜하겐에서 타고 떠난 자동차를 탄 채 페리를 탔다.

　아주 오래 전, 혼자서 덴마크에 갔을 때였다. 그때 나는 처음으로 이런 큰 페리를 탔다. 셰익스피어의 〈햄릿〉에 나오는 크론보그성城을 보러 헬싱괴르라는 해안 도시를 갔었는데 관광 안내양이 바다 건너를 가리키며, "저기 보이는 땅이 스웨덴입니다. 여기서 페리를 타면 20분이면 스웨덴 땅을 밟을 수 있습니다. 15분마다 페리가 다니니까 가보고 싶은 분은 한 번 다녀오는 것도 좋습니다" 하는 말에, 나는 즉흥적으로 선창가에 가서 표를 사 가지고는 페리를 탔다. 실은 바로 그 전날에 스웨덴에서 비행기로 덴마크로 왔기 때문에 또다시 배로 스웨덴을 간다는 것은 의미가 없는 일이었다. 하지만, 서양 영화 속에서 남녀 주인공들이 그 자리에서 비행기 표를 사서 뉴욕에서 파리로, 파리에서 로마로, 하는 식으로 마음만 먹으면 떠나곤 하는 모습들이 멋지게 보였던 기억이 나서 그렇게라도 흉내 내어 보고 싶어서였다고나 할까? 아무튼, 그때 나는 처음 페리를 탔었는데, 그 페리 안에서 스웨덴 돈이 없어서 마시고 싶었던 주스 한 잔을 사 마시지 못했던 일이 생각났다. 배를 타자마자 어느새 스웨덴 해역으로 들어섰는지 덴마크 돈은 받지를 않는 것이었다. 스톡홀름공항에서 쓰고 남았던 스웨덴 크로나를 억지로 없애느라고 애썼던 것을 얼마나 후회했었는지 모른다.

　올보그에서의 하루를 우리 일행은 호텔에서 유숙하지 않고 한 한국인의 집에서 묵었다. 그것은 정말로 의외의 일이었었다. 드레스덴에서의 꼭두극페스티벌과 총회에 참석키 위해 우리 일행은 대식구였는데 우리들을 꼭 자기 집에서 묵게 하고 싶다는 한국인이 있어서였다. 덴마크에 유학을 왔다가 이 나라 여성과 결혼하고는 그냥 눌러 살게 되었다는 장우경(張宇炅) 씨라는 분인데 그는 30대 중반의 나이로 생각보다 조용한 사람이었다. 차로 우리를 마중 나온 그는 그곳서 오래 살았으면서도 서구적인 별 생색의 제스처도 없이 우리를 묵묵히 자기 집으로 안내했다.

그가 우리를 데리고 간 곳은 넓은 정원이 깨끗하게 손질되어 있는 집이었다. "실은, 이 집은 우리 집이 아닙니다. 올보그의 유지인 덴마크 사람의 집인데 여름휴가를 간 동안에 내가 봐주고 있는 중입니다. 이 나라 사람들은 집을 비운 동안에 사람이 와서 묵어 주는 것을 좋아한답니다." 장우경 씨는 이렇게 말하면서 우리에게 편한 마음으로 지내주기를 부탁했다. 그리고는 그때 막 밖에서 돌아오는 그의 덴마크 부인과 두 아들을 우리에게 소개했다. 북유럽 사람 특유의 아주 좋은 체격과 잘생긴 얼굴의 부인, 그리고 10살이 안돼 보이는 영양 좋은 두 아이들의 얼굴들이 동양 얼굴이 아니어서 였는지 조금 전까지 시끌거리며 이야기 하던 우리는 갑자기 점잖은 손님으로 돌아갔다.

그는 집 앞, 얼마 안 되는 곳에 있는 삼림(森林)을 보여 준다고 우리를 데리고 나갔다. "덴마크에는 아름다운 삼림이 많습니다. 몇 백 년 된 나무들이 볼 만하답니다. 호수도 많고 바다가 가까이에 있어서 낚시하기도 좋지요." 그를 따라 집 밖으로 나가서 얼마 안 걸으니까 과연 어른들이 팔을 벌려도 안을 수 없을 만큼의 큰 나무들이 하늘을 찌르듯이 높게 서 있는 그런 우거진 삼림이 있었다. 우리 모두의 입에서는 탄사의 소리들이 저절로 나왔다. 그 높은 나무 꼭대기에서 햇빛이 땅에 닿는 대도 시간이 한참 걸릴 것 같은 그런 거대한 나무숲 사이를 걸으면서 '세상에는 이런 데도 있구나!' 하고 생각했다. 그는 시간이 있을 때마다 이곳을 혼자 산책한다고 했다. 혼자서 산책하면서 무섭지는 않는지? 또 무슨 생각을 하면서 산책할까? 나는 그런 것이 궁금했지만 그에게 묻지는 않았다.

그날 저녁 우리는 장우경 씨와 그의 덴마크 부인이 준비한 갈비 바비큐를 푸른 잔디의 정원에서 내 집에 온 것 같은 기분으로 즐겼다. 삼림 속을 걸으면서 좋은 공기를 실컷 마시고, 맛있는 저녁 식사를 마친 사물놀이 패거리와 젊은 일행들은 피곤하다고 일찍 잠자리를 찾아 방으로 들어갔다. 그러나 우리 노장파인 조동화 선생과 송정숙 선생, 천호선 공보관은 오래간만에 고국에서 온 손님을 맞아 기뻐하는 장우경 씨와 포도주로 다시 건배를 하면서 이야기 자리를 벌렸다.

"고려대 생물학과를 졸업하고는 낙농(酪農)학을 공부하러 이곳엘 왔죠. 나 말고 또 한 사람이 같이 공부하러 왔었는데 그는 공부를 마치고 한국으로 돌아갔지만 나는 학교 때 같은 반에 다녔던 덴마크 여학생과 결혼하여 그냥 이곳에 남게 되었답니다. 지금은 소고기 통조림 공장에서 일하고 있습니다. 과장으로 일하고 있지요. 조미(調味)를 맡고 있습니다."

주로 조동화 선생이 그에게 쉴 새 없이 묻는 질문에 대한 그의 대답이었다.

"한국 사람인 당신의 입맛으로 이 나라 사람들의 입맛을 맞출 수 있을까요?"

"뭐, 비슷합니다. 별로 다를 게 없지요."

"부인이 한국 사람을 좋아합니까?"

"물론이죠. 어디 이곳 여자들이 대학 졸업한 남자를 쉽게 만날 수 있나요? 올보그엔 대학이 하나밖에 없답니다. 그런 점에서 나는 조건을 갖춘 셈이지요."

"부인도 일을 하나요?"

"네, 중학교 역사 선생으로 있지요. 그러나 둘이 벌어도 세금을 어찌나 많이 내야 하는지 좋아하는 그림 한 장 못 사고 있어요. 이 나라엔 좋은 그림도 많은데ㅡ."

"한국엔 언제 다녀왔나요? 부인이랑 아이들도 데리고 갔었어요?"

"재작년에 가서 부모님께 다 인사드렸습니다. 덴마크에 온 후에 처음으로 간 것이지요."

"외국 여자하고 결혼한 것을 후회한 일은 없었어요? 말하자면 한국 여성하고 결혼했으면 하는 생각은 안 해 봤는지!"

마침내 조동화 선생은 제일 궁금했던 것을 그에게 묻는 것이었다.

"왜요-, 해 봤죠. 그러나 아이들이 크면서 안 하기로 했어요" 하더니, "저 사람도 한국말을 다 알아 듣습니다"라고 그는 우리에게 조심의 뜻으로 그렇게 얘기했다. 안주 그릇을 들고 테이블 앞으로 다가오던 부인은 남편의 말을 벌써 알아듣고는 조용히 웃고 있었다.

"한국 생각이 안 나세요? 한국에 돌아와서 사시면 좋을 텐데-" 하였더니, "집사람과 아이들을 위해서 내가 참는 것이 좋죠. 한국 생각이 나면 나는 노래를 부르지요. 김동진 작곡의 〈조국 찬가〉를 부른답니다. 아세요? 이런 노래를-" 하더니 그는 노래를 부르기 시작하는 것이었다.

> 동방에 아름다운 대한민국 나의 조국, 반만년 역사 위에 찬란하다 우리 문화, 오곡백과 풍성한 금수강산 옥토낙원, 완전 통일 이루어 영원한 자유 평화, 태극기 휘날리며 벅차게 노래 불러, 자유 대한 나의 조국, 길이 빛내리라.

목청을 돋우며 〈조국 찬가〉를 부르는 그의 눈에는 눈물이 흐르고 있었다. 물론 그의 노래를 듣는 우리도 속으로 모두 울고 있었다. 그의 외로움이 너무도 우리에게 잘 전달되고 있어서였다. 그는 계속해서 2절을 불렀다.

꽃피는 마을마다, 고기 잡는 해변마다, 공장에서 광산에서 생산 경쟁 높은 기세, 푸르른 저 거리엔 재건부흥 노래 소리, 늠름하게 나가는 새 세기의 젊은 세대, 태극기 휘날리며 벅차게 노래 불러, 자유 대한 나의 조국 길이 빛내리라.

얼마나 많이 불렀으면 가사 한 줄 잊지 않고 우리 앞에서 그토록 소리 높여 부를 수 있는지! 그의 노래는 노래라기보다 조국에 대한 그리움의 절규였다.

그의 부인은 어느새 방으로 들어갔는지 보이지 않았다. "아이들은 내일 일찍 학교에 보내야 하니까 그 사람은 먼저 들어간 것입니다." 그는 부인이 안 보이는 설명을 우리에게 그렇게 말했다. 우리도 내일 있을 공연을 위해 자리에서 일어났다. 이미 시간은 오늘이 아니고 내일로 넘어가 있었다.

아침에 일어나니 부엌 문 앞에 하얀 쪽지가 붙어 있었다. 그가 써 놓고 간 쪽지였다.

"회사 출근 시간 때문에 먼저 나갑니다. 냉장고 안에 아침 식사거리가 들어 있으니 꺼내 잡수세요. 어젯밤엔 즐거웠습니다. 좋은 여행하고 돌아가시기 바랍니다. 여기 부엌문 열쇠를 두고 가니 잠그시고 바닥 매트 아래 넣어 주십시오."

우리는 쓸쓸한 마음으로 빈 집을 나왔다.

"너무도 감사했습니다. 서울에서 꼭 다시 만나 뵙게 되길 바랍니다." 나는 나의 집 주소와 전화번호도 함께 적어 넣고 그의 쪽지가 붙었었던 그 자리에 붙여 놓았다.

그가 우리들을 자기 집에서 함께 지내자고 했던 이유를 나는 알고도 남았다. 분명 그는 애국자였다.

(1984)

■ 연보

- 1932년 12월 15일, 서울 종로구 예지동(禮智洞)에서 아버지 이호영(李鎬泳)과 어머니 채중옥(蔡重玉)의 무남독녀로 태어남.

- 1936년 예지동에서 동대문 밖 창신동(昌信洞)으로 옮김. 나의 어릴 적 기억은 창신동 집에서부터임.

- 1938년 명동성당 앞, YWCA 자리에 있던 애국유치원에 들어감. 비디오아트 창시자인 백남준(白南準)과 유치원동창임.

- 1940년 서울교동(校洞)초등학교 입학.

- 1941년 창신동에서 종로2가 경성전기주식회사 종로출장소 사택(현 고려당 옆)으로 옮김. 당시 아버지가 경성전기(현 한전)에 근무했음.

- 1944년 폐문임파선염(肺門淋巴腺炎)으로 6학년 때 휴학.

- 1945년 다시 6학년에 복학했으나 제2차 세계대전 말기의 소개령(疏開令)에 의해 숙부가 사시는 강원도 철원에 가서 그곳 남(南)초등학교에서 공부함. 한 달 만에 8.15 해방을 맞아 다시 서울로 옴.

- 1946년 등교 길에 미국 진주군의 군용트럭에 치어 오른편 다리에 크게 골절상 입고 경전병원에 입원. 수술 받고 2개월 만에 퇴원.
  숙명여자중학교에 입학. 합격자발표 즉시 다시 늑막염으로 경전병원에 입원하는 바람에 첫 수업에도 참석 못함.

- 1947년 숙명여중 개교 50주년기념음악제에 「쿡쿠 왈츠」와 「호프만의 뱃노래」합창 지휘함. 이후부터 매주 월요일 운동장 조례 시 전교생 앞에서 애국가와 교가 지휘.

- 1948년 탁구선수로 대회출전 시작. 개성(開城)원정시합에 출전했으나 1차전에서 패함.(3학년)
  숙명여중 개교 51주년기념예술제에 명동에 있는 시공관에서 김유하(金有夏)선생 안무의 군무(群舞)「비너스의 탄생」에 파도로 출연. (파도는 비너스를 위해 뒤에서 출렁이기만 하는 눈에 띄지 않는 역임)
  2년 연속 특대생(전 학년 1등)으로 수업료 면제 받음.

- 1949년 전국학생 탁구대회 개인 복식 전에서 준우승함. 이는 나의 복식 파트너인 상급생 박명주(朴明珠) 언니의 실력으로 행운을 차지한 것임.

- 1952년 숙명여고 졸업. (부산 초량목장, 피난하교에서)
  합창부를 이끈 공로로 졸업식에서 우등상과 함께 음악공

로상 받음. 서울 대학교 약학대학에 입학.
동갑인 남편, 오수인(吳壽寅)과 사귐(연희대학교에 다니고 있던 그는 어머니 친구의 아들이었음)

- 1953년 서울 환도로 부산에서 돌아옴. KBS방송 「스무고개」 고정박사로 출연(대학 2학년). 그 후 「재치문답」, 「나는 누구일까요」등 라디오와 TV 프로에 근 20년간 출연.

- 1956년 약학대학 졸업. 약사고시 국가시험 합격. 한국농약(주)에 입사. 폐결핵으로 10개월만에 사직함.

- 1957년 4월에 오수인과 약혼하고 9월에 결혼. 승온(承溫), 승신(承信), 승현(承炫), 승민(承玟), 딸만 넷을 낳음.

- 1966년 종로5가에 삼호미싱자수학원 설립. (교육사업이란 명분으로 설립했으나 경제적 이유가 더 컸음)
마닐라에서 열린 「여성지위향상 제1회 UN세미나」참가.

- 1968년 호노루루에서 열린 제11차 PPSEAWA(범태평양동남아세아 여성협회)총회 참가.

- 1970년 제1회 담수회전(淡水會展)에 유화 7점 출품.
첫 수필집 「산귀래(山歸來)」 출간 (석암사)으로 문단활동 시작.

- 1972년 브뤼셀에서 열긴 제4회 국제도서박람회에 한국출판협회 대표로 참가(한국에서 처음으로 참가한 국제도서박람회임)

  두 번째 수필집 「뜰이 보이는 창」 출간. (초판 석암사, 재판 대원출판사)

  제2회 담수회전(신문회관)에 유화 6점 출품.

  영문일간지 코리아 헤럴드에 매 주 고정칼럼 집필(만3년)

- 1973년 세 번째 수필집 「현이의 연극」 출간. (현암사) 수필 '현이의 연극'이 중학교 국정국어교과서에 수록됨. (2010년 현재까지 수록 되고 있음)

  코리아 헤럴드에 실린 칼럼과 수필을 모아 「Giant of A Man He Was」(그는 하나의 거목) 출간. (코리아 헤럴드 출판부) 부에너스 아이리스에서 열린 BPW(전문직 여성 클럽) 제14차 세계총회에 참가.

  남미이민교포 취재를 위한 남미국가를 일주한 후, 카리브해 연안국가인 도미니카 공화국과 아이티를 여행함.

  타이베이에서 열린 아세아지역 ZONTA총회에 대표로 참가.

- 1976년 두 번째 영문칼럼 및 수필집 「The Little Sky」 (작은 나의 하늘) 출간. (코리아 헤럴드 출판부)

  프랑크푸르트에서 열린 국제도서전에 한국출판협회 대표로 참가.

- 1977년 스케치 기행문 「남미의 기억들」(열화당)과 수필집 「봄 시장」출간.(금연제)
  시드니에서 열린 제41차 세계PEN대회 참가.

- 1978년 우정의 사절로 미국 몬타나주(州)의 에이본과 보즈맨에서 민박을 하며 친선교류 여행을 함.

- 1979년 범우에세이문고 「멀리서 온 시집」출간. (범우사)
  뉴델리에서 열린 아세아작가세미나 참석.
  귀국길에 인도의 전통꼭두극과 구라파의 현대꼭두극 현장을 돌아보고 한국의 미개척분야인 꼭두극예술 전문화에 열중하느라고 문필활동에 10년 이상 공백기를 갖는 동안 한국을 UNIMA(국제꼭두극연맹) 회원국에 가입시키고, '어릿광대'라는 이름의 꼭두극단 창단. 꼭두극 '양주별산대' 제작. 국내에서 처음으로 마리오넷 꼭두극 공연
  (소극장 공간)을 가짐.
  계간 「꼭두극」 발행 과 동시에 동독의 드레스덴과 유고슬라비아의 루브리아나등, 국제꼭두극 페스티벌에 참가 하여 한국최초로 공산국가를 포함한 국제무대 공연을 가짐. 자신이 생각해도 도깨비 같은 짓을 하며 글과 관계없이 오랜 시간 외 도를 했음.

- 1994년 이미 출간되었던 두 권의 영문 수필집에서 선정하여 「Back Alleys in Seoul」 출간.(신영미디어)

- 1995년 노르웨이 스타방에르에서 열린 ICOM(국제박물관협회)총회 참가.
  멕시코 가달라아라에서 열린 제49회 세계PEN대회 참가.

- 2000년 천재예술가 백남준과의 어릴 적 이야기와 35만에 한국에 돌아온 후의 이야기를 엮어 「백남준 이야기」 출간. (열화당)

- 2001년 선우명수필선 「외로울 땐 편지를」 출간.
  (선우미디어)

- 2009년 1994년 11월부터 2008년 6월까지 12년 8개월 동안 월간 '춤'지에 연재한 기행수필중에서 53편을 선정해서 「李京姫 기행수필」출간. (열화당)

- 2011년 비디오 아트의 창시자 백남준과의 인연을 망라한 책 「백남준, 나의 유치원 친구」 출간 (디자인하우스)
  이 책은 「백남준이야기」(열화당 2000)에 이은 두 번째 책으로 백남준을 사랑하고 연구하는 모든 사람들에게 큰 도움이 될 것을 기대하고 출간한 것임.
  국제 PEN 클럽, 한국문인협회, 한국수필가협회, 한국여성문학인회, 숙란 문인회에 이름을 두고 있음.
  「백남준 이야기」로 현대수필문학상 받음.
  「이경희 기행수필」로 제3회 조경희 수필문학상 받음.
  자랑스러운 숙명인상 받음.

현대수필가 100인선 · 91
이경희 수필선

세계를 떠돈 어릿광대, 나의 젊은날의 삶

초판인쇄 | 2011년 9월 20일
초판발행 | 2011년 9월 26일

지은이 | 이 경 희
펴낸이 | 서 정 환
펴낸곳 | 좋은수필사

주　소 | 서울시 종로구 익선동 30-6
　　　　운현신화타워 빌딩 3층 305호
전　화 | 02)3675-5635, 063)275-4000
등　록 | 1984년 8월 17일 제28호
홈페이지 | http://www.shin-a.co.kr
e-mail | essay321@hanmail.net

값 7,000원

ISBN 978-89-5925-360-9　04810
ISBN 978-89-5925-247-3　(전 100권)

* 저자와 협의하여 인지는 생략합니다.
* 잘못된 책은 바꿔 드립니다.